Camareira

Mercado profissional

Ambiente de trabalho

Rotina de serviços

Dados Internacionais de Catalogação na Publicação (CIP)
(Jeane Passos de Souza - CRB 8ª/6189)

Oliveira, Giovanna Bonelli
Camareira : mercado profissional, ambiente de trabalho, rotina de serviços / Giovanna Bonelli Oliveira. - São Paulo : Editora Senac São Paulo, 2016.

Bibliografia.
ISBN 978-85-396-1145-4

1. Hotelaria 2. Camareira de hotel I. Título.

16-430s CDD-647.941
BISAC BUS081000

Índice para catálogo sistemático:
1. Camareira de hotel : Hotelaria 647.941

GIOVANNA BONELLI OLIVEIRA

Camareira

Mercado profissional ☑

Ambiente de trabalho ☑

Rotina de serviços ☑

Editora Senac São Paulo – São Paulo – 2016

Redação e entrevistas: Bianca Encarnação (Parola Comunicações Ltda.)
Acompanhamento técnico-pedagógico: Andréa Estrella
Projeto gráfico, diagramação e capa: Ampersand Comunicação Gráfica
Fotos: Lio Simas
Revisão: Alexandre Rodrigues Alves e Sonia Cardozo
Impressão e acabamento: Gráfica Visão

Editora Senac São Paulo
Av. Engenheiro Eusébio Stevaux, 823 – Prédio Editora
Jurubatuba – CEP 04696-000 – São Paulo – SP
Tel. (11) 2187-4450
editora@sp.senac.br
https://www.editorasenacsp.com.br

Nota do editor

Com o crescimento do setor de turismo no Brasil, o mercado de trabalho para a governança se ampliou significativamente. Cada vez mais, hotéis, pousadas, pensões e albergues estão em busca de profissionais especializados, capazes de oferecer um serviço de qualidade aos hóspedes.

Este livro tem o objetivo de fornecer informações gerais e específicas para a formação profissional de um importante elo dessa cadeia de atendimento: a camareira.

Para facilitar o aprendizado, as rotinas de trabalho são demonstradas em fotos feitas especialmente para a edição, que traz também depoimentos de profissionais atuantes no mercado de trabalho, como forma de proporcionar enfoques diferenciados sobre o cotidiano das camareiras. O livro apresenta ainda questões mais amplas, como ética, postura profissional e relacionamento com clientes e superiores hierárquicos.

Com esta nova publicação para a área de turismo e hotelaria, o Senac São Paulo espera colaborar com a formação de profissionais conscientes de sua importância para o desenvolvimento desse segmento da economia.

Agradecimentos

Agradecemos ao Hotel Trindade Hall, da rede Slaviero Executive Florianópolis, por gentilmente disponibilizar os ambientes sociais e as unidades habitacionais que serviram de cenário para as fotos que ilustram este livro.

À profissional Tercila Baseggio, pela disposição e alegria durante as sessões de fotos.

Às camareiras, supervisoras e governantas entrevistadas, por darem vida ao livro com suas histórias pessoais e experiências adquiridas no exercício da profissão.

Aos meus queridos pais, Victor Hugo e Letícia, que tanto me ensinaram sobre disciplina e organização.

Aos meus sobrinhos Arthur e Francisco, que me fizeram colocar em prática procedimentos de limpeza e arrumação.

A Carmen Maria Peters e Roland Horst Peters (in memoriam), *proprietários do Hotel Baía Norte Othon Classic e Hotel Plaza Camboriú, pela confiança e por terem contribuído de modo decisivo para o meu crescimento pessoal e profissional.*

Nota da autora

Quando as pessoas viajam e precisam se hospedar em hotéis, pousadas ou *resorts*, procuram um local acolhedor, porque querem se sentir bem, como se estivessem em casa. Acredito que a governança é um dos principais setores responsáveis pela sensação de bem-estar oferecida pela hospedagem. E a camareira, a menina dos olhos da governança, tem papel especial nesse atendimento de qualidade.

Como instrutora em cursos de formação e atualização de camareiras, costumo dizer que: esforço constante (com uma dosagem certa de ambição, para obter conquistas); motivação (para fazer sempre o melhor e não se perder na rotina) e dedicação (entregar-se por inteiro ao que faz, com amor e respeito pela profissão) são os três primeiros atributos exigidos da camareira pelo mercado de trabalho.

Além disso, é preciso destacar a competência técnica para as tarefas diárias da profissão e a necessidade de ser amável e colaborativa com os colegas de trabalho. Atributos indispensáveis para a profissão de camareira, pois na governança o trabalho em equipe faz a diferença e resulta em satisfação para os hóspedes.

Atualmente, todas as categorias de hotéis dão preferência a profissionais qualificados que se mostrem atentos à qualidade no atendimento. Este livro traz, então, essa chance de aprimoramento. Ele foi pensado para você que quer aprender sobre o universo de trabalho da camareira e também para você que já exerce a profissão e quer aperfeiçoar seus conhecimentos.

Mãos à obra! Estude, pois o seu sucesso depende principalmente de você! Ao ler este livro, perceba as habilidades que você já possui e as que ainda precisa desenvolver. Aceite os desafios que aparecerem na sua vida profissional e pense na carreira que o setor de turismo e hotelaria pode lhe proporcionar.

Sumário

Capítulo 4

Capítulo 5

Capítulo 6

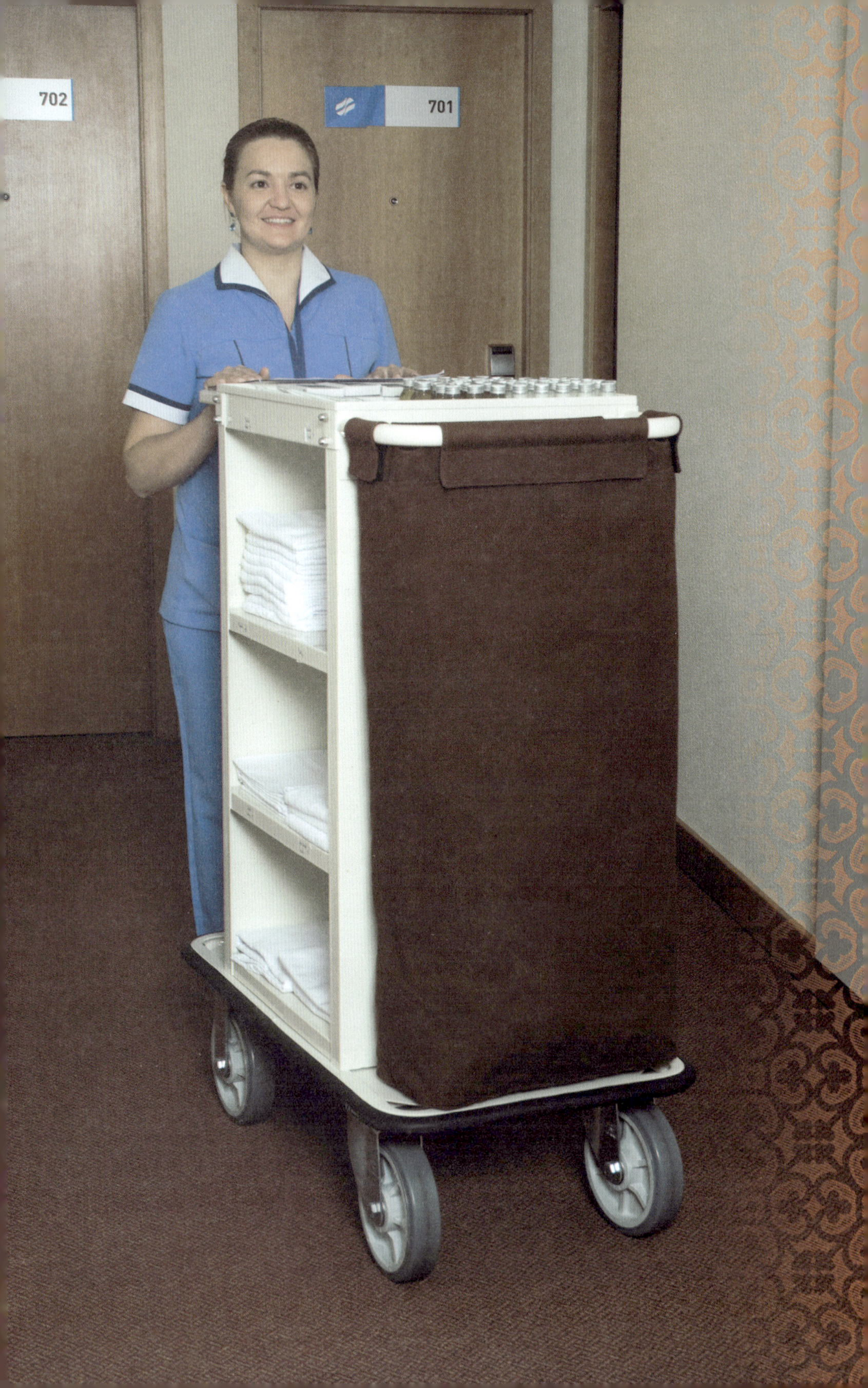
702
701

Turismo e hospitalidade

Um grande mercado de trabalho

1

TURISMO E HOSPITALIDADE: UM GRANDE MERCADO DE TRABALHO

As belezas naturais, o patrimônio histórico e cultural, a culinária, o folclore, o artesanato, a diversidade ecológica e a receptividade do povo brasileiro são os atrativos que formam o potencial do Brasil para o turismo de lazer. Mas não podemos esquecer que as viagens de negócios também têm movimentado bastante o mercado hoteleiro nas grandes cidades, graças aos resultados positivos da economia do país nos últimos anos.

Seja destinado ao lazer ou aos negócios, o turismo é hoje considerado uma das atividades produtivas mais importantes para o desenvolvimento do Brasil. Isso porque envolve muitos segmentos que formam a cadeia de atividades do setor. Eis alguns:

- Meios de hospedagens
- Agências de viagens e turismo, e operadoras turísticas
- Serviços de alimentação: restaurantes, lanchonetes, bares, quiosques, padarias etc.
- Parques temáticos
- Marinas
- Museus e igrejas históricas
- Empreendimentos destinados à realização de eventos e negócios (centro de convenções)
- Empreendimentos destinados à prática de turismo de aventura, de esportes radicais e de ecoturismo
- Empreendimentos destinados à promoção turística
- Transportadoras turísticas

O momento não poderia ser melhor para quem quer trabalhar no setor de turismo e hospitalidade. Segundo dados do Instituto de Pesquisa Econômica Aplicada (Ipea) e da Fundação Universa, publicados em março de 2008, a geração de emprego no turismo se mostrou bem mais favorável em 2007 do que nos anos anteriores, contabilizando 827 mil novas vagas, com destaque para os segmentos de hospedagem e transportes. Um quadro de estabilidade é previsto para o país nos próximos anos.

"O Brasil está muito bem posicionado em um item importantíssimo, que é a geração de empregos e renda para a nossa economia por meio do turismo", avalia a presidente da Embratur, Jeanine Pires. "Este é mais um indicador que confirma a importância que o turismo pode ter para o desenvolvimento econômico do país".

Na área de hotelaria, dos cerca de 25 mil estabelecimentos de hospedagem mapeados, 18 mil são meios de hospedagem de pequeno porte e pousadas. E o que é melhor: neste setor dificilmente o trabalho das pessoas pode ser realizado por máquinas!

Bom começo e muitas perspectivas | *Trabalho como camareira há quatro anos. Deixei meu currículo numa agência de emprego e o rapaz me disse que, por falar espanhol fluente, não seria difícil. E foi verdade. Logo me chamaram e eu comecei a trabalhar. (...) Falo espanhol porque minha família, que era de Minas Gerais, mudou para o Paraguai quando eu ainda era menina. Nós tínhamos um tio que morava lá e acabamos indo também. (...) Quando comecei eu não conhecia nada de hotelaria, aprendi mesmo no dia a dia e foi fácil, porque eu me entusiasmo com qualquer coisa que eu faça. Por conta desse meu jeito animado de fazer as coisas, o presidente da FGV (Fundação Getúlio Vargas) me ofereceu um curso que eu devo fazer em breve. Eu também quero ir em frente... todo mundo quer, né? Por isso espero poder fazer um curso de inglês. Falar outro idioma é muito importante nesse ramo.* (Rosilene Aparecida da Silva, camareira do Quality Hotel, Curitiba-PR)

Carreira em ascensão | *Comecei como camareira em 1998, eu tinha 18 anos. Fiquei na função por quatro anos e aí me tornei supervisora júnior, cargo que ocupei durante um ano. Assumi, então, a função de supervisora sênior, na qual me mantive por mais quatro anos. Em 2007, fui promovida a assistente de governança e, em 2008, a coordenadora. Tenho pretensão de progredir ainda mais, fazendo agora Faculdade de Administração e estudando inglês.* (ANTONIETA MARIA DE JESUS DO NASCIMENTO, COORDENADORA OPERACIONAL DE GOVERNANÇA E DE LAVANDERIA DO SHERATON RIO HOTEL & RESORT, RIO DE JANEIRO)

Sempre estudiosa | *Atuo no ramo de hotelaria desde que me formei em 2000 como turismóloga. Estudei na Faculdade de Turismo de Santos Dumont. Também tenho especialização em Administração Hoteleira e pós-graduação no Hotel Senac Grogotó. Iniciei no setor de governança fazendo estágio no Hotel Caesar Park em Ipanema, no Rio de Janeiro. Depois fui trabalhar em Brasília, na Rede Blue Tree, como assistente e participei da implantação do setor de governança num hotel da rede que seria inaugurado em Barbacena. Em 2006, concorri para o cargo de governanta no Hotel Grogotó. Bem, estou aqui há dois anos e oito meses.* (JANIZE NADALIM MANSO, GOVERNANTA DO HOTEL SENAC GROGOTÓ, MINAS GERAIS)

À procura de atualização profissional | *Fiz o curso de camareira no Senac em 2006. Fui chamada para alguns extras no Hotel Ilha do Boi e em setembro do mesmo ano fui contratada como camareira. Pretendo chegar a supervisora de andar e sei que para isso preciso fazer um curso de atualização. No momento estou estudando inglês, porque sei que é muito importante para o meu trabalho. Faço um curso de horário flexível, porque consigo conciliar trabalho e estudo.* (MARILDA NUNES DOS SANTOS, CAMAREIRA DO HOTEL SENAC ILHA DO BOI, ESPÍRITO SANTO)

O cenário inspira otimismo em termos de oportunidades de emprego, mas nem tudo são flores. Para fazer parte desse universo como profissional, é preciso ter boa formação técnica e, acima de tudo, entender a relação que há entre turismo e "bem servir".

Todo profissional do setor precisa saber que o conceito de turismo está estritamente ligado ao de hospitalidade, exigindo que o atendimento ao cliente seja marcado por entusiasmo e dedicação. E isso inclui a profissional camareira, que será o foco deste livro.

TURISMO | Segundo a Organização Mundial do Turismo (OMT), são todas as atividades que as pessoas realizam durante suas viagens e estadias em lugares diferentes do seu local de moradia, por período inferior a um ano, com finalidade de lazer, negócios, férias etc.

HOSPITALIDADE | No que diz respeito ao turismo, é tudo que se faz para tomar a atitude de satisfazer o cliente, visando sempre seu bem-estar. O acolhimento afetuoso pode estar tanto no tratamento oferecido às pessoas quanto no cuidado com o ambiente que as acolhe.

Meios de hospedagem

Hotéis, hotéis-fazenda, hotéis-residência (*flats*), pousadas, hospedarias de turismo ecológico, albergues (*hostels*) e *spas* são estabelecimentos que fornecem serviços de acomodação, conhecidos como meios de hospedagem. É nesses locais que a camareira trabalha.

Os meios de hospedagem são considerados um dos mais importantes segmentos do turismo, e por uma razão muito simples: quem viaja precisa ter onde se alojar. Além disso, para onde quer que o viajante vá, ele sempre terá onde se acomodar.

A camareira dispõe, portanto, de um amplo mercado de trabalho pela frente. Veremos agora os diferentes tipos de hotéis e suas características para conhecer melhor o leque de opções oferecido pela profissão.

HOTEL | Neste livro, quando usarmos o termo hotel, estaremos nos referindo, de modo genérico, a todos os meios de hospedagem: hotéis, hotéis-fazenda, hotel-residência (*flat*), pousadas, hospedarias, albergues (*hostels*) e *spas*.

As categorias dos hotéis

| O conjunto da infraestrutura e dos serviços oferecidos por um hotel serve de base para sua classificação em categorias. Entende-se por infraestrutura toda a parte física do hotel. O tipo de construção, as instalações, os equipamentos, mobiliários e utensílios, a decoração de um meio de hospedagem, tudo isso revela ao cliente o nível e o padrão de luxo do estabelecimento (conforto ou serviço – no que se refere ao que o hotel oferece).

Os serviços também são percebidos pelo cliente, mas não de forma tão concreta. Por exemplo, a gentileza no atendimento, as amenidades deixadas no banheiro, a recepção que anota corretamente os recados para o hóspede. E o que dizer do capricho na arrumação do café da manhã, na manutenção da limpeza do hotel? São serviços que fazem a diferença no atendimento.

A qualidade do serviço depende de quem o executa, por isso os profissionais de hotéis são treinados para conquistar o cliente pelo bom atendimento. Entre dois hotéis que ofereçam infraestrutura parecida pelo mesmo preço, não há dúvida de que o cliente dá preferência àquele que oferece o melhor serviço.

Dependendo da situação legal do estabelecimento, do padrão das instalações, do atendimento e dos serviços que oferece, os hotéis recebem diferentes classificações. No Brasil se adota, entre outros, o sistema das estrelas, que é o mais comum. Veja a classificação do Instituto Brasileiro de Turismo (Embratur) no quadro da página ao lado.

Os guias de viagem também são usados pelos consumidores como referência. No Brasil, o *Guia Quatro Rodas*, publicado pela Editora Abril, segue critérios próprios para analisar a variedade de estabelecimentos, classificando-os em tipos (*flat*, de selva, pousada, *resort*, *spa*) e categorias (de luxo, muito confortável, confortável, simples e sem classificação). Os preços, ambientes e temas dos meios de hospedagens também são levados em consideração. Essa classificação serve de referencial apenas para o consumidor que viaja e confia na publicação e nas informações ali contidas.

CLASSIFICAÇÃO OFICIAL DA EMBRATUR DOS HOTÉIS NO BRASIL

CATEGORIA	SÍMBOLO	HOTÉIS
Luxo Superior (5 estrelas)	★★★★★	H - HL - HH
Luxo (4 estrelas)	★★★★	H - HL - HH
Standard Superior (3 estrelas)	★★★	H - HL - HH - P
Standard (2 estrelas)	★★	H - HL - HH - P
Simples (1 estrela)	★	H - HL - HH - P

Hotel (H) • Hotel de Lazer (HL) • Hotel Histórico (HH) • Pousada (P)
Os *resorts* geralmente estão situados nas três primeiras categorias e são classificados como Hotel de Lazer (HL), desde que: estejam localizados em área de conservação ou equilíbrio ambiental, tenham sido planejados visando à conservação ambiental, possuam áreas totais e não construídas, bem como infraestrutura de entretenimento e lazer superior à dos empreendimentos similares.

Não é difícil entender por que motivo as tarefas executadas por profissionais de hotelaria são diferentes de acordo com a categoria do meio de hospedagem. Um hotel-fazenda cinco estrelas, por exemplo, tem muito mais funcionários especializados do que uma pousada duas estrelas numa cidade litorânea. A localização, os tipos de construção, a clientela e a infraestrutura dos meios de hospedagem determinam os serviços a serem oferecidos e, de certa forma, a conduta dos profissionais.

Os serviços diferenciados oferecidos ao hóspede também estão ligados à categoria do meio de hospedagem e são fundamentais para o cliente no momento da escolha do hotel. Um dos requisitos do recepcionista de um hotel cinco estrelas, por exemplo, é falar pelo menos dois idiomas. Numa pousada de pequeno porte e *standard*, tal exigência não existe. Porém, se o estabelecimento receber hóspedes estrangeiros, o idioma passa a ser um requisito básico, independentemente do porte do hotel. Outro exemplo: uma camareira de hotel quatro estrelas precisa ser mais formal no trato com os hóspedes, já numa pousada as relações geralmente são mais informais.

A postura exigida dos profissionais pode ser menos formal em determinadas categorias de hotel, mas todo cuidado é pouco, pois ser "menos formal" não quer dizer "intimidade com os hóspedes". Ser discreto e educado é sempre o comportamento exigido.

As habilidades técnicas são consideradas em todos os níveis. Como a disputa pelo cliente é cada vez maior, os meios de hospedagem exigem cada vez mais qualificações de seus funcionários. É natural, portanto, que as melhores oportunidades sejam oferecidas aos que demonstrem iniciativa, flexibilidade para se adaptar a cada estrutura e apresentem formação profissional e experiência condizente com o segmento em que pretendem atuar.

Onde a camareira vai trabalhar

Conhecer a estrutura dos hotéis e se informar a respeito das perspectivas de crescimento profissional pode ser estimulante para quem quer investir na carreira, qualquer que ela seja.

Para tornar clara a estrutura organizacional, as empresas criam organogramas. A palavra pode parecer complicada, mas a ideia é simples. Organograma é a representação gráfica de uma organização, ou seja, é o desenho dos departamentos que formam a empresa, mostra quem é chefe de quem e a divisão das responsabilidades entre os setores.

Na estrutura dos hotéis não existe um padrão ou uma regra única de organização, tudo depende do porte do estabelecimento (pequeno, médio ou grande) e do tipo de administração adotado. O importante é que cada profissional saiba a quem está subordinado (quem é seu superior direto), quais as suas tarefas diárias e como o seu trabalho se relaciona com as outras áreas da empresa. Em geral, o responsável pela contratação explica tudo isso e mais ainda todas as regras internas do meio de hospedagem.

Os exemplos de organogramas que serão aqui apresentados ilustram bem as opções de trabalho disponíveis para a camareira, ou seja, os hotéis de grande, médio e pequeno porte. Mas isso não quer dizer que pousadas ou hotéis pequenos tenham estrutura simples. Hoje existem meios de hospedagem com pequenos setores, mas oferecendo grande variedade de serviços.

O tamanho de um meio de hospedagem é dimensionado pelo número de leitos (camas) ou pelo número de unidades habitacionais (UHs). Nós usaremos a classificação do Serviço Brasileiro de Apoio às Micro e Pequenas Empresas (Sebrae), que se baseia no número de unidades habitacionais (UHs). Assim:

- Hotéis de grande porte: acima de 100 UHs
- Hotéis de médio porte: de 51 a 100 UHs
- Hotéis de pequeno porte: até 50 UHs

UNIDADE HABITACIONAL | É o local de acomodação exclusiva do hóspede, onde ele repousa e faz sua higiene. Pode ser do tipo apartamento (quarto + banheiro) ou suíte (quarto + banheiro + sala e/ou pequena cozinha). Os hotéis usam diferentes nomes para apartamentos e suítes, de acordo com as facilidades e os serviços que as unidades oferecem aos hóspedes.

Hotéis de grande, médio e pequeno porte

| Um estabelecimento de grande porte ou que ofereça uma variedade maior de serviços exige a criação de departamentos (ou áreas) para dar conta do volume de trabalho. Como veremos, em um hotel de grande porte a administração é dividida em departamento pessoal, recursos humanos, controladoria, almoxarifado, contas a pagar e a receber, entre outros. Já em um hotel de pequeno porte o gerente faz toda a burocracia da empresa, e o organograma não tem as subdivisões específicas por setor.

É bom lembrar que a qualidade do serviço não depende do número de colaboradores nem da estrutura organizacional do hotel. Como já vimos, a qualidade depende de quem executa o serviço e de saber atender bem e com prazer.

Os organogramas podem ser apresentados por área, setor, departamento, ou cargos e funções. Eles mostram como estão dispostas as unidades funcionais, a hierarquia e as relações de comunicação entre os setores. Veja agora alguns exemplos:

Meio de hospedagem de grande porte

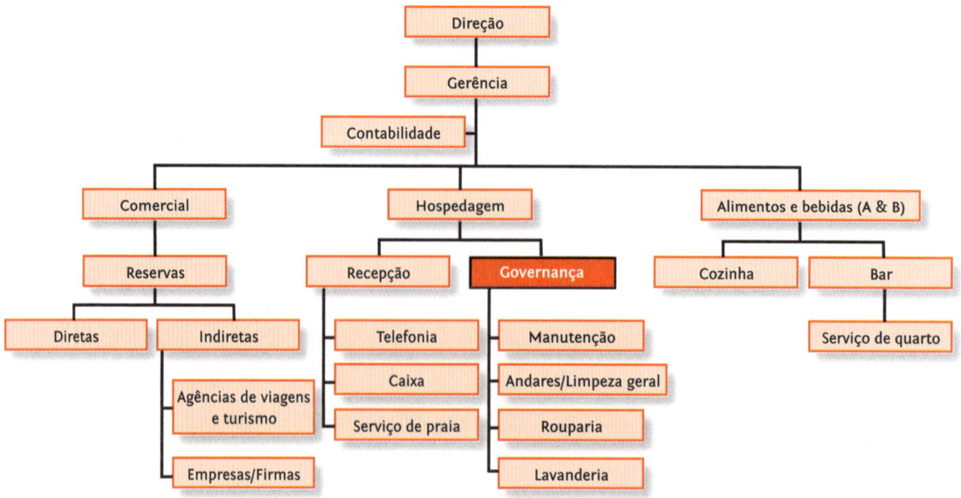

Funções de cada departamento

Direção:	diretores (pode ter mais que um: administrativo, operacional, comercial)
Gerência:	gerente (pode ter mais de um)
Contabilidade:	contador
Comercial:	gerente, executivos de vendas
Reservas (diretas, indiretas):	assistentes de vendas
Agências de Viagens e Turismo:	executivos de contas
Empresas/Firmas:	executivos de contas
Hospedagem:	chefe de hospedagem
Recepção:	recepcionistas e auxiliares
Governança:	governanta
Telefonia:	telefonista
Caixa:	caixa
Serviço de praia:	auxiliares de hospedagem ou atendentes
Manutenção:	chefe de manutenção e manutencistas
Andares:	camareiras, auxiliares de limpeza e serviços gerais
Rouparia:	roupeiros
Lavanderia:	lavadores, secadores, calandristas
A & B:	gerente
Cozinha:	cozinheiros, auxiliares de cozinha
Bar:	*bartender*, garçons
Serviço de quarto:	copeiro

Este primeiro exemplo é um organograma de meio de hospedagem de grande porte. Baseia-se no tamanho da estrutura física do estabelecimento e do seu quadro funcional. Os setores são claramente definidos. O de governança – em destaque, porque é no qual se inclui a profissional camareira – tem em sua ramificação quatro setores que dão o suporte necessário aos serviços da hospedagem.

Meio de hospedagem de grande porte II

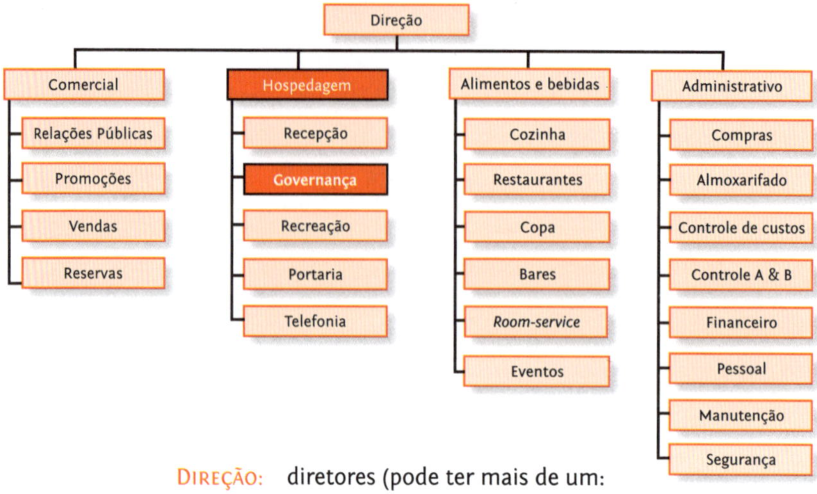

DIREÇÃO: diretores (pode ter mais de um: administrativo, operacional, comercial)
COMERCIAL: gerente comercial
RELAÇÕES PÚBLICAS: RP
PROMOÇÕES: promotor
VENDAS: executivos de vendas
RESERVAS: assistentes de vendas/reservas

HOSPEDAGEM: chefe de hospedagem
RECEPÇÃO: recepcionistas e auxiliares
GOVERNANÇA: governanta, camareiras, auxiliares de limpeza e serviços gerais, roupeiros, lavadores e manutencistas
RECREAÇÃO: recreacionistas
PORTARIA: capitão, porteiro, mensageiros
TELEFONIA: telefonista

A & B: gerente
COZINHA: cozinheiros, auxiliares de cozinha
RESTAURANTE: garçons
COPA: copeiros
BAR: *bartender*, garçons e assistentes de bar
ROOM-SERVICE: copeiro e garçom
EVENTOS: copeiro e auxiliares

Administrativo: supervisor administrativo
Compras: comprador
Almoxarifado: almoxarife
Controle de custos e A & B: controlador
Financeiro: assistente financeiro
Pessoal: encarregado de departamento pessoal
Manutenção: chefe de manutenção e manutencistas
Segurança: agentes de segurança

Esta é outra possibilidade de representação gráfica da estrutura de um meio de hospedagem também de grande porte, mas com setores bem segmentados. Com base no organograma, que está focado nas áreas físicas de cada setor, é elaborado o organograma dos profissionais.

Meio de hospedagem de médio porte

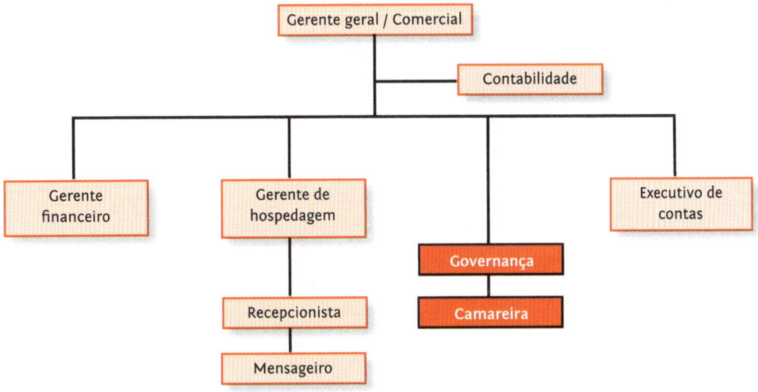

Observe que este exemplo de organograma de meio de hospedagem de médio porte traz apenas os cargos da estrutura da empresa. A distribuição das funções é que vai definir o funcionário responsável por determinado setor.

Meio de hospedagem de pequeno porte

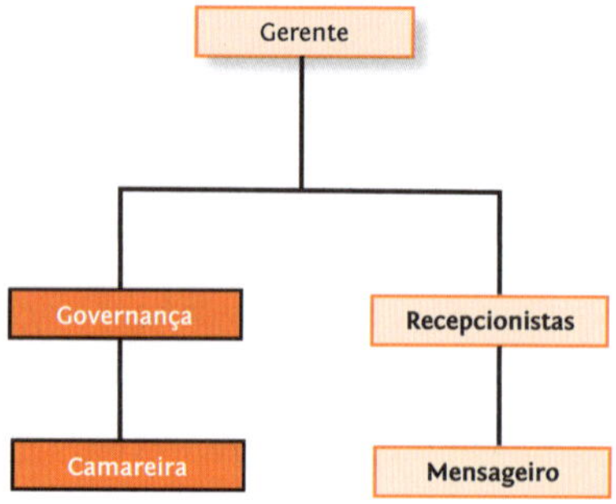

Este organograma de meio de hospedagem de pequeno porte apresenta apenas os cargos do estabelecimento e deixa subentendido que a governanta e sua equipe de camareiras efetuam todas as atividades pertinentes ao setor, incluindo limpeza, arrumação, higienização e manutenção.

Muitas vezes nem há o cargo de governanta, e uma camareira mais experiente é designada como responsável pelo setor. O gerente, por sua vez, desempenha a função de supervisão, que seria o papel de uma supervisora ou governanta em uma empresa de médio ou grande porte.

O QUE É "RECEBER BEM" | Cada povo, em cada época, desenvolveu maneiras próprias para receber e alojar com conforto e segurança seus visitantes, de acordo com sua cultura, mas todos têm em comum a ideia de que hospitalidade é "receber bem" no sentido mais afetuoso da expressão.

Você já deve saber o que é receber bem. Basta lembrar que, quando vamos receber uma visita, nós nos preocupamos, em primeiro lugar, com a arrumação e a limpeza da casa. Depois, cuidamos da comida e da bebida. Caso o convidado permaneça mais tempo, oferecemos uma cama confortável, um bom banho e toalhas limpas para que ele descanse e recupere as energias.

O meio de hospedagem de grande, médio ou pequeno porte deve passar a impressão de que o hóspede é bem-vindo e de que ali é uma extensão da sua casa. Como se dissesse: "Pode ficar à vontade que a casa é sua".

EXERCÍCIOS

1. Com base no que você leu neste capítulo, qual é a tendência da prestação de serviços nos meios de hospedagem?
2. Existe relação entre o tamanho do meio de hospedagem e a qualidade do serviço que ele oferece aos hóspedes?
3. Qual a principal característica da hospitalidade?

Hospedagens do século XVII ao XXI

Século XVII

Na cidade de São Paulo, a partir do século XVII, as casas de hospedarias foram transformadas nos primeiros hotéis para atender aos viajantes. Os pequenos e médios estabelecimentos que serviam aos negociantes, comerciantes e vendedores foram construídos pelos fazendeiros de café do interior do estado.

1923

Inaugurado na cidade do Rio de Janeiro, o Hotel Copacabana Palace, prédio de estilo mediterrâneo, se tornou referência em hotelaria de luxo no Brasil. Membros da realeza, estrelas de cinema, teatro, música e esportes, assim como políticos e grandes empresários, vêm deixando seus nomes registrados no "livro de ouro" do hotel.

Década de 1940

Surgiram no Brasil hotéis-cassinos: o Parque Balneário, em Santos (SP); o Grande Hotel São Pedro (SP); o Grande Hotel de Poços de Caldas (MG); o Grande Hotel de Araxá (MG); e o Quintandinha, em Petrópolis (RJ). As construções eram grandiosas e proporcionavam diversão noturna. Com a proibição dos jogos de azar, em 1946, os hotéis tiveram que redirecionar suas atividades.

Em 1808, com a chegada da corte portuguesa ao Rio de Janeiro, a procura por alojamentos cresceu. Os antigos proprietários de casas de pensão e tavernas passaram a utilizar o termo "Hotel".

Década de 1950

No final da década, a hotelaria brasileira recebeu o incentivo do setor aéreo, que se desenvolvia com a construção de aeroportos e o investimento de empresas em aeronaves mais modernas.

Década de 1970

O grupo francês Accor iniciou suas atividades no Brasil, em 1976, no setor de alimentação, com a Ticket Restaurante. Hoje o grupo ocupa a posição de maior operadora de hotéis do país.

Década de 1980

Época marcada pela retração da hotelaria de luxo e pelo *boom* dos apart-hotéis (*flats*), ou seja, apartamentos-residência com serviço de hotel.

A grande expansão de redes hoteleiras, como Othon, Luxor e Horsa, deu-se na década de 1970. Na Ilha de Comandatuba, próximo a Ilhéus, na Bahia, o Hotel Transamérica foi um dos pioneiros, instalando-se em 1989. A Abril Cultural também lançou seus *resorts* padrão luxo, sob a marca Quatro Rodas, em Recife, São Luís e Salvador, enquanto o Banco Real iniciou a construção do Hotel Transamérica de São Paulo.

Virada do século XXI

Surge no Brasil o novo e bem-sucedido conceito de hotelaria: os hotéis econômicos. Ótima opção para o público que não precisa ficar mais do que o necessário numa cidade, quer apenas repousar em bom hotel e logo seguir seu destino, como os profissionais liberais, casais ou grupos em viagem de lazer nos finais de semana. "Preços baixos sem perda de qualidade" é a fórmula do negócio que oferece serviços enxutos e sem luxo, mas mantém a segurança e a limpeza nos quartos.

O universo de trabalho da camareira

2

O UNIVERSO DE TRABALHO DA CAMAREIRA

Como vimos no capítulo anterior, quando a camareira começa a trabalhar em um hotel, geralmente lhe explicam como a empresa funciona, a que setor ela pertence, quais são seus chefes diretos. Assim, a profissional começa a entender as relações que há entre os departamentos da empresa, bem como o funcionamento do seu próprio setor – a governança.

Todo meio de hospedagem está dividido em departamentos. E em qualquer categoria de hotel, independentemente do número de unidades habitacionais (UHs), há quatro departamentos considerados básicos. São eles: comercial, hospedagem, alimentos e bebidas e administração.

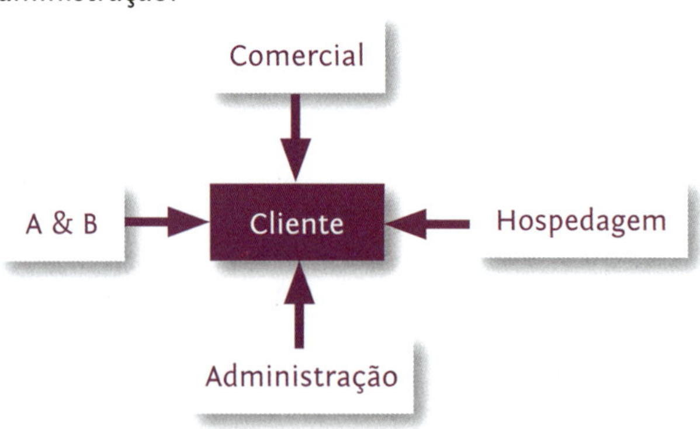

A figura demonstra que o cliente é o foco do negócio para todos os departamentos. O segmento de hotelaria precisa ter essa visão. Afinal, os funcionários que estão em contato direto com os clientes refletem a imagem do hotel.

A qualidade dos serviços prestados é um cartão de visitas. Se o serviço de hotel for capaz de impressionar e cativar, o hóspede pode retornar ou indicar novos clientes. Mas se não causar boa impressão... lá se vai o hóspede, lá se vai o negócio, lá se vão os empregos.

Em linhas gerais, as responsabilidades de cada departamento do hotel podem ser resumidas assim:

ADMINISTRAÇÃO

Compras, controles, contas a pagar, contas a receber, recursos humanos, manutenção e segurança.

COMERCIAL

Reservas, marketing, vendas e promoções.

ALIMENTOS E BEBIDAS

Restaurante, copa, cozinha e área de atendimento (salão e bar) e *room-service* (serviço de quarto).

HOSPEDAGEM

Recepção, portaria, telefonia, governança e lazer.

O departamento de hospedagem

Ser bem recepcionado e bem acomodado é a primeira necessidade dos clientes que vão permanecer num hotel. Portanto, o departamento de hospedagem tem grande responsabilidade em deixar uma ótima impressão do estabelecimento logo de cara. Afinal, a primeira impressão é a que fica.

Com o decorrer da estadia, o cliente percebe a qualidade dos outros serviços do hotel, mas o primeiro contato é muito importante, e a colaboração da camareira é fundamental para isso.

Observando os organogramas apresentados no capítulo anterior, percebemos os setores com os quais a camareira tem relação direta no departamento de hospedagem. Em qualquer ramo, é muito importante que se conheça um pouco do trabalho realizado pelos colegas. Assim, fica mais fácil cooperar com a equipe de trabalho. Vejamos:

RECEPÇÃO

Eis o local em que o hóspede é recebido e o setor com o qual mantém permanente contato: na recepção, ele obtém informações, retira e entrega as chaves do quarto e solicita a maioria dos serviços de que necessita. Por esse contato intenso com o hóspede, o trabalho da recepção é delicado e tem relação direta com a satisfação do cliente. As camareiras fazem a ligação entre a recepção e o quarto. São elas que informam o consumo de frigobar que será lançado na conta do hóspede e que comunicam à chefia imediata os problemas ocorridos no quarto. Além disso, controlam o uso (ou mesmo o abuso) dos itens de cortesia (as *amenities*, amenidades). A recepção avisa ao setor de governança quando os hóspedes fecham a conta, e cabe à camareira conferir os pertencentes do aposento, verificar o estado do ambiente e o último consumo do frigobar. A recepção também informa ao setor de governança a eventual troca de UH e a necessidade de montagens especiais, como, por exemplo, noite de núpcias, cama extra, berço etc.

PORTARIA

É um setor à parte da recepção, mas, na maioria dos hotéis, por falta de espaço físico ou por ter um quadro enxuto de colaboradores, portaria e recepção dividem a mesma área de trabalho. Aliás, muitas vezes o serviço de portaria é feito pela recepção. Mensageiros, porteiros, capitão porteiro e manobristas fazem parte da equipe da portaria. Eles entram em contato com a camareira para resolver algumas situações como: o envio de comunicações internas e externas para os hóspedes; em alguns hotéis, o controle de chaves ou cartões para acesso aos apartamentos; a distribuição de jornais, revistas, correspondências etc.; a organização do *lobby* do hotel e controle de entrada e saída de hóspedes e visitantes. A maioria dos hotéis hoje utiliza fechaduras eletrônicas, em que o cartão magnético é usado como chave e entregue ao hóspede no momento do *check-in*. A portaria passa a fazer o controle de entrada e saída de pessoas de forma visual e, quando necessário, abordando a pessoa.

TELEFONIA

Este setor cuida da comunicação interna dos hóspedes, registra suas ligações externas, emite despesas de telefone e os desperta quando o hotel não oferece o serviço de programação eletrônica. Hoje a telefonia também se fundiu com a recepção por causa das novas tecnologias de telecomunicações. Quando não há disponibilidade de um colaborador da recepção ou portaria para entregar ou colocar na UH o recado para o hóspede, a camareira pode fazê-lo, considerando que ela tem acesso aos quartos. As mensagens em geral são colocadas sobre alguma bancada de fácil visualização do hóspede ou por baixo da porta.

LAZER

Áreas de lazer como sala de TV, de vídeo, de ginástica, de jogos, de leitura, de acesso à Internet, sauna seca e a vapor, piscina, parquinho etc. precisam de cuidados permanentemente. Se o hotel não tiver profissionais de faxina ou de serviços gerais para cuidar dessas áreas, é possível que camareiras sejam destacadas para fazer a arrumação e a limpeza, ajudando assim o setor de lazer.

SETOR DE ALIMENTOS E BEBIDAS

Nos hotéis de grande porte, a camareira muitas vezes precisa entrar em contato com o responsável pela reposição do frigobar, em geral ligado ao setor de alimentos e bebidas. Já nos hotéis de pequeno e médio porte, na maioria das vezes a camareira é responsável por mais esta tarefa. Ela também deve preencher a comanda de frigobar cada vez que houver consumo. Na rouparia de andar ou na geral, quase sempre há um estoque mínimo para reabastecimento do frigobar.

O setor de governança entra em cena!

| Assim que o hóspede cruza a porta de entrada do hotel e se apresenta na recepção, ele já forma sua primeira impressão do local. Qualquer que seja o padrão ou a categoria do estabelecimento – familiar ou de rede, nacional ou internacional –, os serviços prestados pelos funcionários que cuidam da arrumação e da limpeza das instalações são imprescindíveis para criar uma boa imagem.

Aliás, uma falha da governança pode perturbar muitos serviços do hotel e gerar a insatisfação do cliente: se a lavanderia devolve roupas mal lavadas e mal passadas, como a camareira poderá devolver as peças que o hóspede pediu para lavar? Se a equipe de manutenção não executa os consertos no tempo combinado, onde será acomodado o hóspede que fez a reserva para o dia? Se a camareira não arruma o quarto de um cliente que volta cansado do trabalho, que justificativa a recepção poderá arranjar? Se o estoque das amenidades não for suficiente para o dia, quem vai resolver o problema? Se os produtos e equipamentos de limpeza não forem adequados ao espaço das instalações, como a camareira poderá fazer suas tarefas com rapidez?

Esses exemplos deixam clara a importância do trabalho em equipe e da cooperação entre os setores do meio de hospedagem.

CLIENTE TEM SEMPRE RAZÃO, MAS HÁ LIMITES | A regra número 1 de qualquer estabelecimento comercial é "o cliente tem sempre razão". Nos hotéis, as atitudes e o comportamento dos funcionários que atendem diretamente os hóspedes são decisivos para a satisfação do cliente. Isso significa que o hotel vai sempre exigir que seus funcionários correspondam às expectativas dos hóspedes, para que estes saiam satisfeitos e voltem, ou indiquem outros clientes.

Mas há limites. O cliente não tem razão quando pede algo que vai contra as regras internas do hotel ou está além das possibilidades dos serviços oferecidos ali. Do mesmo modo, perde a razão caso se comporte de maneira inadequada e incomode outras pessoas, ou viole os direitos dos funcionários.

Quem é quem na governança

Antes de apresentar os integrantes da governança, é bom lembrar que as atividades desse setor seguem normas e procedimentos determinados pela gerência geral do hotel e/ou pela gerência de hospedagem. Além disso, os organogramas mudam muito de um estabelecimento para outro, ainda que tenham o mesmo porte.

Neste livro vamos tomar como base estabelecimentos de porte médio e apresentaremos, a seguir, o organograma de cargos e funções do setor de governança nesta categoria de hotel.

Setor de governança | Hotel de médio porte

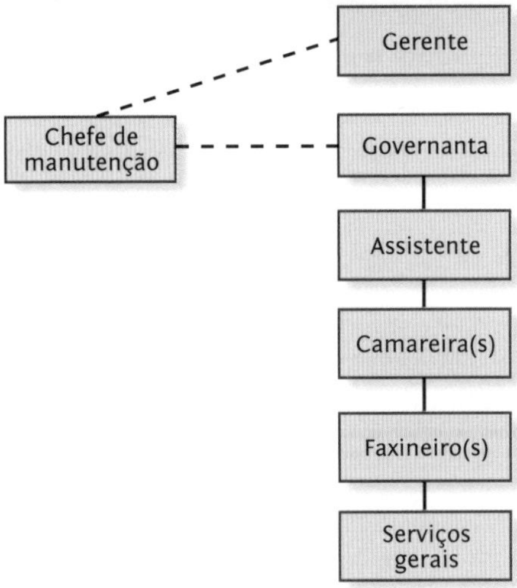

As tarefas dos funcionários do setor de governança podem ser redistribuídas. Isso significa que a governanta, a assistente (ou supervisora de andares), a camareira, o faxineiro podem, eventualmente, realizar trabalhos uns dos outros. Muitas vezes a governanta se responsabiliza por atribuições próprias do gerente de hospedagem (em geral cobre as férias do gerente).

Caso exista o cargo de assistente de governança, este desempenhará também a atividade de supervisionar os andares. Num meio de hospedagem de grande porte, geralmente há a função específica de supervisão de andares. Já em hotéis de pequeno porte, não existe a função de governanta e sim a de chefe de camareiras ou supervisora.

Vejamos agora as tarefas que cabem aos profissionais do setor de governança, sabendo que a distribuição dos serviços pode mudar de um hotel para outro, mesmo sendo da mesma categoria.

GOVERNANTA GERAL OU EXECUTIVA | É responsável pela organização e divisão do trabalho dos funcionários vinculados ao seu setor, tais como: determinação das tarefas, prazos de execução, horários, folgas, férias, cursos de atualização e aperfeiçoamento etc. Estimula os funcionários a cumprir as normas estabelecidas pela direção, assim como supervisiona todas as tarefas dos seus subordinados. Além disso, a governanta responsabiliza-se pelas chaves mestras, acompanha os reparos registrados pelas camareiras (ou supervisoras) e realizados pelo setor de manutenção. Controla os estoques de produtos de cortesia (sabonetes, xampus, toucas de banho e outros) e de folhetos publicitários, regulamento interno, papéis de carta, produtos usados para a limpeza dos ambientes e da lavanderia (quando for o caso), garantindo sua perfeita utilização e destinação. Supervisiona a chegada, estada e saída de hóspedes VIPs ou de grupos. Controla e supervisiona a organização da rouparia de andar. Supervisiona e/ou realiza o inventário da rouparia do hotel (cama, banho, mesa e uniformes). Resolve as situações de emergência (roubo, morte, inconveniência). É responsável pela guarda dos objetos esquecidos nas UHs. Supervisiona e controla o processo de lavagem da rouparia. Realiza ou supervisiona ou indica pessoas/empresas para realizar a decoração e os arranjos florais do hotel.

ASSISTENTE DE GOVERNANÇA | Alguns hotéis de médio porte contam com este cargo em seu quadro de funcionários. Ele é o responsável por supervisionar os andares, assessorar a governanta em diversos trabalhos burocráticos e até mesmo substituí-la quando necessário. De certa forma, o assistente de governança ocupa uma posição similar ao do supervisor de andar dos hotéis de grande porte.

SUPERVISOR DE ANDARES | Nos hotéis de pequeno e médio porte geralmente não existe no quadro funcional o "supervisor de andares" e o "assistente de governança" devido à estrutura enxuta da organização. Quando há supervisor de andar, ele é responsável por orientar e inspecionar as atividades que são realizadas pelas camareiras nos diversos andares e/ou nas áreas comuns do hotel. Tem autonomia para liberar, bloquear ou interditar as unidades habitacionais quando necessário.

CAMAREIROS, HOMENS? | Sim! Alguns hotéis possuem camareiros, também chamados de arrumadores, cuja função é ajudar a camareira na limpeza da UH. A governanta também pode atribuir a este profissional tarefas consideradas mais pesadas, como limpeza de vidros, portas, tetos, saídas de ventilação, varandas. Quando não existir a função de ajudantes gerais ou auxiliares de limpeza, os camareiros respondem pela limpeza das áreas sociais.

FAXINEIRO | Cuida e executa a função da faxina, que é uma limpeza mais profunda e programada das áreas comuns (sociais e escritórios), podendo incluir as UHs. Dependendo do hotel, pode haver até um chefe que supervisiona toda a equipe de limpeza, responsável pelas áreas sociais e de serviço. Em hotéis de pequeno porte, esta atividade é executada pela camareira, em ação programada pela gerência. Nos hotéis maiores, em geral há uma equipe terceirizada que realiza essas atividades.

SERVIÇOS GERAIS | São o "faz tudo" do hotel. Podem executar tanto a limpeza e a arrumação das diversas áreas comuns do hotel (áreas sociais, escritórios e de serviço – refeitório, vestiários), como também serviços de jardinagem e de manutenção menos complexos.

SERVIÇOS GERAIS OU FAXINEIROS? QUEM É QUEM | Os faxineiros podem ser responsáveis pela faxina pesada só das UHs e, quando necessário, ficar à disposição da governança para outras faxinas pelo hotel. Como têm treinamento e capacidades diferenciadas das camareiras, os faxineiros são habilitados a fazer a limpeza externa de vidros e fachadas, por exemplo. Os serviços gerais, por sua vez, cumprem uma rotina mais leve de trabalho e são responsáveis pela limpeza de algumas áreas do hotel.

CHEFE DE MANUTENÇÃO | Ocupa-se da coordenação, verificação, manutenção e dos consertos rápidos em equipamentos, mobiliários e instalações do hotel. Auxilia a instalação de equipamentos e avalia serviços de manutenção terceirizados. Todo serviço de manutenção do hotel pode ser terceirizado, mas sempre é bom ter um funcionário curinga que possa ser acionado para pequenos reparos emergenciais - que não precisa ser efetivo, contratado pelo hotel para cumprir horas.

REGRAS BÁSICAS PARA QUEM TRABALHA NA GOVERNANÇA | Dizer sempre sorrindo "bom dia", "boa tarde" ou "boa noite" para os hóspedes. Fisionomia fechada não combina com turismo e hospitalidade.

- Ser agradável e paciente com os hóspedes e, principalmente, rápido no atendimento de suas solicitações. Mostrar uma postura correta e discreta durante o trabalho.
- O funcionário representa o hotel e por isso é responsável pela imagem que os hóspedes fazem do local. O profissional da governança deve ser discreto na relação com os hóspedes e seu comportamento deve seguir as normas de atendimento do hotel.
- Evitar conversas e brincadeiras nos corredores e nas áreas de uso comum (sociais) para não incomodar os hóspedes.
- Realizar as tarefas de acordo com as normas do hotel, mantendo bom relacionamento com chefia e colegas. O trabalho em equipe é fundamental no serviço de hotelaria, pois o serviço de um complementa o serviço de outro.
- Cumprir o regulamento interno do hotel, como assiduidade, pontualidade, documentação atualizada e respeito aos colegas de trabalho.

Camareira, a menina dos olhos da governança!

A qualidade do trabalho da camareira está à prova o tempo todo, porque os hóspedes sempre observam detalhes da arrumação e da limpeza e costumam ser exigentes com qualquer serviço que solicitem à governança.

A camareira deve estar preparada para atender a essas demandas, mas não pode se limitar a executar bem as técnicas de trabalho. Da camareira se espera mais: que seja educada, simpática e atenciosa com os hóspedes, que resolva problemas mesmo que não tenham sido provocados por ela.

É verdade também que o bom serviço da camareira depende de sinais delicados. Os clientes percebem, por exemplo, quando um sorriso não é sincero, ou quando está sendo tratado com negligência e preguiça. É muito importante prestar atenção no próprio comportamento e manter relações pessoais afetuosas.

A qualidade em prestação de serviços depende de pessoas responsáveis e eficazes na solução de problemas. Honestidade e integridade são indispensáveis, claro, mas ser flexível diante de novas situações é habilidade importantíssima numa camareira.

Exemplo de flexibilidade e disposição | *Estava acontecendo um casamento no hotel e alguns dos convidados ficariam hospedados ali. Então, eu vinha passando pelos quartos para ver se estava tudo em ordem, quando percebi que uma das portas estava entreaberta. Bati e, como não tive resposta, entrei. De frente para o espelho do banheiro estava um rapaz secando a gravata com o secador de cabelo. Ele levou um susto ao me ver. Eu pedi desculpas e perguntei se poderia ajudar, mas ele não falava português. Gesticulei, então, perguntando se ele queria que eu secasse a gravata com o ferro de passar. Ele entendeu, sorriu e assim eu fiz. Ele colocou a gravata passada, me agradeceu e voltou para a festa feliz da vida!* (ARLETE DA SILVA PINTO, CAMAREIRA DO HOTEL SOLAR DE SANTA, RIO DE JANEIRO)

Eficiência e discrição | *Certa vez, o hóspede 'filho', que havia promovido uma festa entre amigos em uma suíte, me pediu que providenciasse toda a arrumação do apartamento antes que a hóspede 'mãe' chegasse de viagem. Não queria que ficasse nenhum indício ou vestígio do que havia acontecido na noite anterior. A solicitação foi atendida com a máxima eficiência e discrição.* (JANIZE NADALIM MANSO, GOVERNANTA DO HOTEL SENAC GROGOTÓ, MINAS GERAIS)

Nunca é demais repetir que a qualidade nos serviços de hotelaria depende da equipe de trabalho. Uma reclamação ou um pedido do cliente hospedado torna-se "questão de ordem" para todos. Em última análise, é o entrosamento entre os funcionários que leva o hóspede a receber um serviço acima das suas expectativas. E a camareira é peça fundamental nesse jogo.

Nenhum profissional de hotelaria pode esquecer que o foco principal do negócio é o hóspede. Portanto, todos no hotel trabalham para ele. E, cá entre nós, nem sempre é fácil agradar a ele. Muitas vezes o quarto está arrumado de maneira impecável, tudo limpo e no lugar, mas se o cliente se dirigir à camareira e esta não lhe responder com as palavras que ele gostaria de ouvir, o resultado é "reclamação na gerência".

Por outro lado, a camareira pode ser elogiada pelos hóspedes. Aliás, eles adoram quando são surpreendidos com bom atendimento. Foi o caso de Cássia Iara de Santana Lino, camareira do Hotel Solar de Santa, no Rio de Janeiro. Um casal de hóspedes desocuparia o quarto bem cedo, às seis e meia da manhã, para viajar. "Como não iam pegar o café da manhã, me pediram para que o hotel deixasse apenas um café e um chá, se fosse possível", conta Cássia.

Bem, Cássia simplesmente chegou meia hora mais cedo e preparou para o casal uma pequena versão do café da manhã que o hotel costuma servir: "Coloquei os itens na mesa, e quando os hóspedes desceram ficaram felizes feito crianças. No final, o moço perguntou o meu nome. Então, os dois me elogiaram e foram embora". Quando a camareira Cássia tirou a mesa, encontrou debaixo do prato um papel dobrado com seu nome e, dentro, uma boa gorjeta. "Levei ao conhecimento dos meus superiores, claro. Eles também me elogiaram e me permitiram ficar com a gorjeta. Foi legal!", conta a sorridente camareira.

Convém lembrar que qualquer "agrado" (gorjeta ou presente) recebido de hóspede deve ser informado à governança, que fará uma autorização por escrito permitindo que a camareira seja liberada pela portaria sem problemas no final do expediente. Em alguns hotéis a camareira é orientada a dizer ao hóspede que ele deve comunicar diretamente para a chefia seu desejo de presentear ou dar gorjeta.

COMO SUPERAR AS EXPECTATIVAS DO CLIENTE | Para atingir a qualidade em prestação de serviços, muitas vezes é preciso saber surpreender positivamente o cliente. Vejamos alguns exemplos corriqueiros no trabalho da camareira:

- Ao perceber que o hóspede está com muitas peças de roupa fora do armário, antecipe-se a essa necessidade: providencie cabides adicionais e pendure as roupas do cliente.
- Se perceber que o hóspede dobrou um cobertor para usá-lo como travesseiro ou apoio para os pés, coloque mais travesseiros à disposição no quarto.
- Sabendo que o hóspede é alérgico, providencie a troca de cobertores por edredon de algodão.
- Caso na noite anterior o hóspede tenha utilizado uma colcha para complementar as cobertas, inclua na arrumação do dia seguinte mais um cobertor.
- Observe a rotina de horário dos hóspedes. É a melhor forma de administrar a arrumação das UHs. Executivos costumam ter horários rígidos e isso facilita organizar o fluxo de trabalho no andar. Já hóspedes em férias têm horários mais flexíveis e isso exige mais atenção, para que a limpeza seja feita na ausência deles.

As atribuições da camareira

| A camareira deve cumprir suas tarefas de acordo com o regulamento interno de cada meio de hospedagem. Dependendo do organograma, ela responde diretamente para a supervisora de andares, depois para a assistente de governança e, então, para a governanta geral ou executiva. Mas, em estruturas menores, a camareira pode ser a responsável pelo serviço e se reportar diretamente ao dono do estabelecimento.

Basicamente, a camareira é encarregada de limpar e arrumar as UHs. Mas, dependendo da estrutura organizacional do hotel, que pode não dispor de faxineiros/serviços gerais, ela também é responsável pela limpeza das áreas comuns (áreas de serviço, áreas sociais e outras dependências do hotel).

Cabe também à camareira preencher alguns formulários que controlam o fluxo de trabalho do setor de governança. Cada hotel dispõe de formulários próprios, de acordo com as normas internas. Geralmente são controles de patrimônio, de saída e entrada de produtos, de estoque, relatório de ocupação e *status* das UHs, notificação de problemas etc. Será fácil aprender a preenchê-los.

Em alguns hotéis, para garantir a privacidade dos hóspedes, não é permitida a circulação de outros funcionários nos andares se não as camareiras. Elas tornam-se responsáveis por observar atentamente o movimento dos andares.

Cada meio de hospedagem tem sua rotina de trabalho e o superior imediato da camareira se encarregará de esclarecer os procedimentos estabelecidos internamente. Vamos listar aqui, então, as principais tarefas da camareira:

LIVRO DE OCORRÊNCIAS

Diariamente, ler e assinar o livro de ocorrências do setor de governança que, em geral, fica na rouparia central com a governanta ou com a responsável pelo setor.

Neste livro, os profissionais podem registrar os acontecimentos que fogem à rotina do trabalho e, muitas vezes, deixar recomendações e bilhetes para uma determinada pessoa. Qualquer solicitação especial ou recomendação da governanta para uma UH também pode ser anotada, por exemplo, “Hóspede alérgico a produtos de limpeza”, “Hóspede chegou bêbado fazendo escândalo, fique atenta” etc. Essas informações normalmente vêm do setor de reservas ou mesmo da recepção durante a estada do hóspede. A gerência geral e a gerência de hospedagem também têm acesso ao livro.

RELATÓRIO DE OCUPAÇÃO

Ler o relatório de ocupação das UHs atualizado. Ele é preparado pela recepção e encaminhado todos os dias à governança no turno da manhã.

Há hotéis informatizados e outros não, mas, em todos as formas de apresentação, este relatório mostra o *status* atualizado da UH (se está ocupada, vazia, em manutenção, quantidade de hóspedes – leitos ocupados em cada UH). Em alguns modelos de relatório aparecem os nomes dos hóspedes, mas, por questões de segurança, eles podem ser retirados pela chefia para evitar constrangimento ou assédio por parte de funcionários e outros hóspedes.

CHAVES

Na rouparia (ou em local designado pelo hotel), pegar as chaves mestras das UHs dos andares ou das áreas designadas para sua jornada de trabalho.

ARRUMAÇÃO

Cuidar da limpeza e da arrumação da UH e eventualmente das áreas comuns do hotel, obedecendo sempre à divisão das tarefas e às normas internas (ver os roteiros de trabalho no capítulo 5).

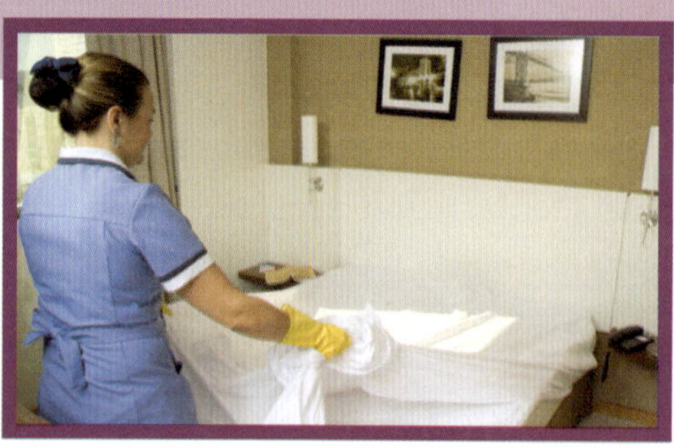

SERVIR

Servir o café da manhã nos quartos em estabelecimentos de pequeno porte.

RETIRAR LOUÇAS

Retirar louças e utensílios das UHs (bandeja de café da manhã, por exemplo) na falta de um serviço exclusivo (o *room-service*, serviço de quarto, que é uma responsabilidade do setor de alimentos e bebidas).

CONTROLE DE FUNCIONAMENTO

Controlar o estado dos móveis, carpetes, cortinas e revestimentos das UHs e das áreas comuns (social e administrativa), bem como o funcionamento de utensílios e equipamentos, notificando qualquer problema à sua chefia imediata.

OBJETOS ESQUECIDOS

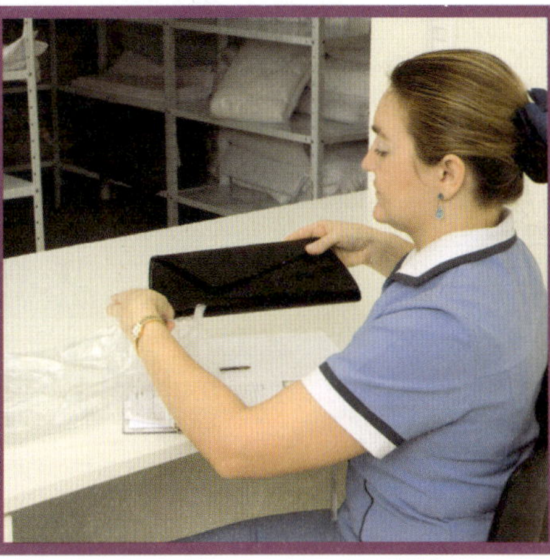

Recolher e etiquetar objetos esquecidos pelos hóspedes - indicando a data da estadia, o número da UH e o estado em que foi encontrado - para, em seguida, entregá-los à supervisora. Os objetos serão guardados pelo hotel por um tempo determinado.

RELATÓRIO

Ao final da limpeza e arrumação das UHs, relatar à chefia imediata as irregularidades encontradas no serviço, além de repassar no Relatório de Ocupação das UHs, o que significa descrever se estão livres, reservadas, interditadas ou em manutenção.

VISTORIA

No momento de saída dos hóspedes (*check-out*), fazer a vistoria da UH e comunicar à recepção o eventual desaparecimento de objetos do patrimônio do hotel.

INVENTÁRIO

Fazer o inventário (a contagem) de produtos e enxoval estocados no depósito em formulário específico.

CONTAGEM

Contar o enxoval que retira da rouparia para colocar no carrinho e vice-versa. E quando retirar o enxoval usado da UH e for encaminhá-lo para a lavagem, contar e registrar os dados em formulário.

ORGANIZAÇÃO

Organizar a entrada e a saída do enxoval e preencher o formulário específico, quando for responsável pela contagem geral do enxoval que será encaminhado à lavanderia (ver os procedimentos no capítulo 4).

É DE BOM-TOM...

... manter a aparência e o uniforme bem cuidados. A maquiagem leve, os cabelos limpos e presos e o bom hálito fazem a diferença.

... trabalhar sempre de bom humor e com a postura ereta.

... não assoar o nariz na frente do cliente. E usar sempre lenços descartáveis.

... não bocejar na frente de estranhos, principalmente hóspedes.

... não mascar chicletes e evitar consumir alimentos pelos andares e áreas sociais.

... usar apenas o elevador de serviço e ceder o elevador quando um hóspede estiver acompanhado de colaboradores do hotel.

... higienizar as mãos e os antebraços corretamente sempre que assoar o nariz, utilizar o banheiro antes e após as refeições e depois de fumar.

... alguns hotéis oferecem álcool em gel nos vestiários e nas rouparias, para que se torne um hábito higienizar as mãos durante o trabalho.

... ser discreta e não fazer nenhum comentário sobre os hóspedes com terceiros.

Cuidando da saúde e da aparência | Pode-se dizer que o pessoal da governança responde pela aparência do hotel, por tudo aquilo que encanta os olhos dos clientes. Ora, quem sabe cuidar bem dos outros não pode deixar de cuidar de si mesmo!

Esses cuidados começam com a saúde e continuam com a imagem pessoal. Afinal, nos dias de hoje ter boa aparência é fundamental. Leia as recomendações:

A começar pela saúde...

• Quando se machucar, trate do ferimento. E é melhor mantê-lo coberto para se proteger contra contaminações durante o trabalho.

• Para a sua saúde, você sabe que é melhor não fumar. Mas, se for impossível evitar o vício, não fume enquanto trabalha. Se acender um cigarro na área de fumantes, lave bem as mãos antes de voltar ao trabalho.

• Vai ser preciso dar um tempo na vaidade e não usar pulseiras, anéis e colares enquanto estiver trabalhando. Isso é para sua segurança, pois eles podem enganchar em algum lugar e você se machucar. Alianças, brincos discretos e relógios geralmente são permitidos pelos hotéis.

• Cuide da postura do seu corpo durante o trabalho. Saiba que existe uma posição ideal que protege certas partes do corpo. Leia com atenção o boxe da página 54.

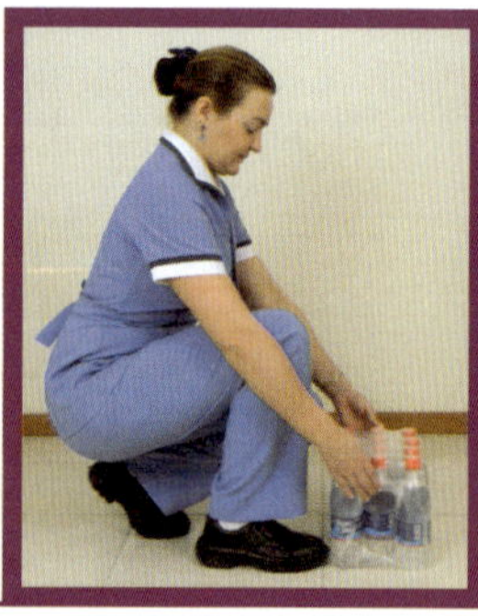

Para uma apresentação pessoal impecável...

• Nada como um banho caprichado antes e depois do trabalho. Relaxa, e você se sente disposta, além de ficar cheirosa, claro!

• Perfume é um caso muito particular. No trabalho, eles não devem ser usados, pois podem incomodar os hóspedes e os colegas. Os desodorantes devem ser sem perfume.

• Escove os dentes sempre após as refeições e mantenha-os limpos e bem tratados. Isso também deixará seu hálito agradável.

• Lavar as mãos com água e sabão é básico quando se trata de higiene. Faça isso principalmente após o uso do sanitário.

• Mulheres com as mãos cuidadas ganham uma estrela a mais. Calce as luvas sempre que for usar produtos de limpeza fortes, para protegê-las. Além disso, conserve as unhas curtas e, de preferência, com uma base incolor. O “esmalte descascado” é proibido, pois causa impressão de descuido.

• Cabelos ficam bonitos quando limpos e penteados. Em geral os hotéis exigem cabelos presos, protegidos com redes ou toucas.

Para uniformes sempre perfeitos...

• Mantenha o uniforme sempre limpo e bem passado. Aliás, o calor do ferro esteriliza os tecidos.

• Quando o seu uniforme estiver descosturado, rasgado ou desbotado, solicite outro e o conserto à chefia imediata.

• Não encha os bolsos com chaves e inutilidades.

• Uniforme de camareira é sempre confortável para permitir liberdade de movimento. Mas lembre-se: é para ser usado apenas durante o horário de trabalho. Vista-o ao chegar ao hotel e tire-o antes de sair do hotel. Mesmo que não tenha um vestiário especial para os funcionários, sempre há um banheiro onde a troca de roupa pode ser feita.

• Use meias limpas, em perfeito estado e bem ajustadas (no caso de meias finas).

• Mantenha os sapatos limpos, engraxados (quando for o caso) e com o solado de borracha em boas condições de uso.

SEU CORPO É SUA PRINCIPAL FERRAMENTA DE TRABALHO: CUIDE DELE

ANDAR | Procure andar olhando sempre para a frente, um pouco acima do que seria a linha do horizonte.

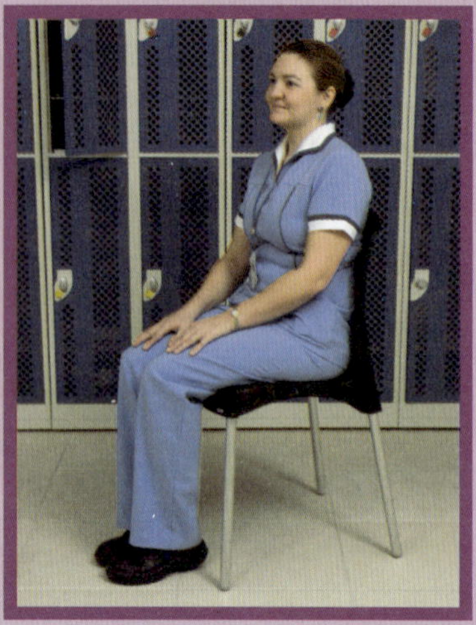

SENTAR | Mantenha a coluna reta alinhada no encosto da cadeira ou na parede, no caso de sentar num banco. As pernas e joelhos devem ficar dobrados, tocando o chão ou um apoio. Se os braços estiverem desocupados, podem ser apoiados sobre as pernas ou nos braços da cadeira.

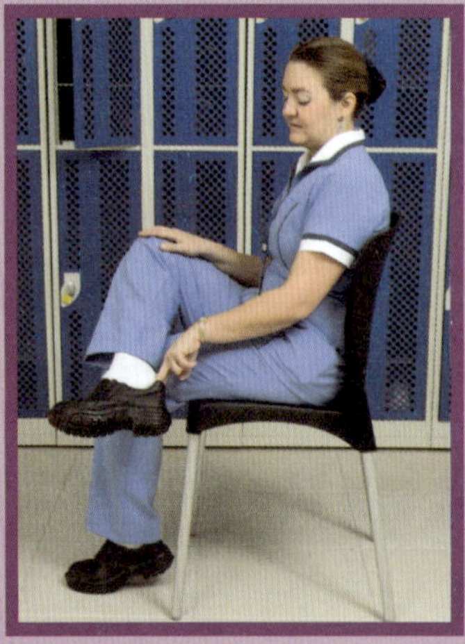

CALÇAR SAPATOS, VESTIR CALÇAS | A postura correta para calçar sapatos ou vestir calças é sentar-se confortavelmente.

USAR O TELEFONE | Segure o aparelho com a mão. Não levante o ombro nem torça o pescoço quando estiver falando.

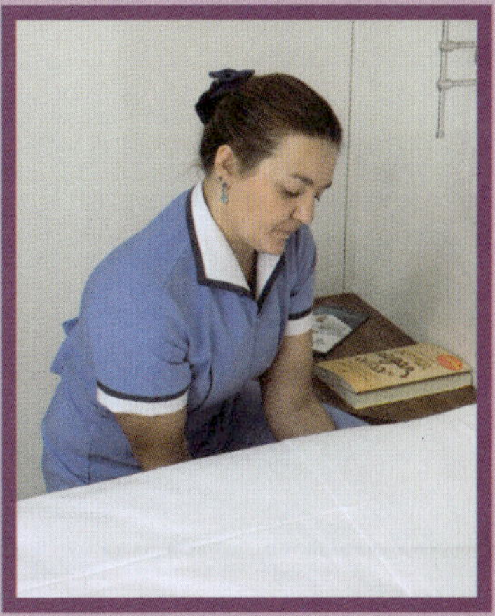

ARRUMAR A CAMA | De pé, jogue o lençol ou a colcha sobre a cama. Depois, abaixe seu tronco, dobrando os joelhos e mantendo a coluna reta enquanto estiver ajeitando lençóis e colcha.

ENCERAR OU LIMPAR PISOS | Apoie-se nos joelhos e nas mãos, de gatinhas. Coloque um pano dobrado sob os joelhos para que fiquem protegidos. Contraia a barriga, mantenha a coluna reta e faça movimentos circulares com os braços. Use primeiro um braço. Quando este cansar, use o outro.

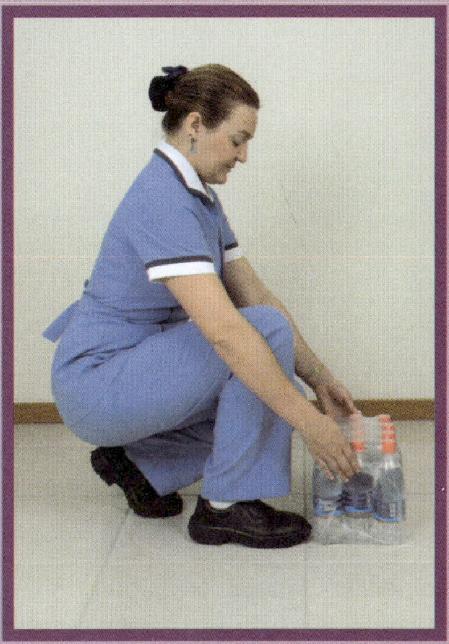

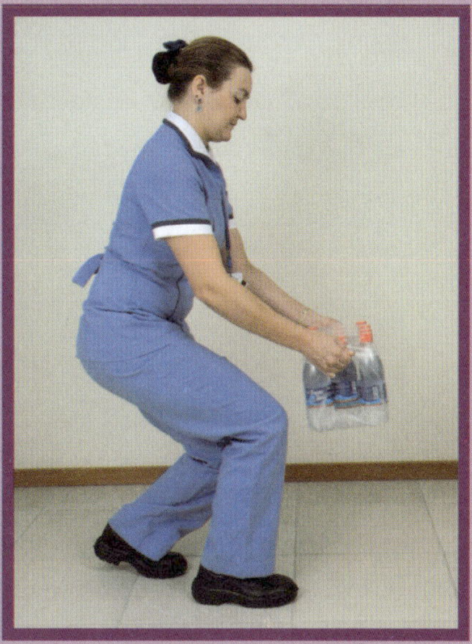

LEVANTAR PESO OU ABAIXAR PARA APANHAR ALGUMA COISA NO CHÃO | Aproxime-se do objeto, dobre os joelhos com a coluna reta e o abdome contraído (barriga para dentro). Ao pegar o objeto, concentre a força nas pernas.

LIMPAR PAREDES, JANELAS OU MÓVEIS GRANDES | Mantenha o tronco firme e faça movimentos amplos com os braços para o lado ou para cima. Trabalhe ora com um braço, ora com o outro para não cansar demais um deles e não desenvolver lesões por esforço repetitivo.

VARRER OU ESFREGAR O CHÃO | Procure usar utensílios de cabos longos, para não ter de se curvar muito enquanto trabalha.

Questões de ética

Todo mundo sabe o que é ética, mas na hora de explicar fica um pouco confuso. Vamos tentar uma definição simples. Ética trata daquilo que é considerado certo ou errado pela sociedade, trata do bem e do mal, do comportamento das pessoas e da maneira como devem se relacionar umas com as outras.

Digamos que a vida em grupo levou os seres humanos a comparar ações e reações, a pensar e, em comum acordo, acabaram chegando a princípios gerais de comportamento. Por exemplo: comprometer-se com o que diz e faz é atitude bem vista pela sociedade. Ser discreto e não expor as pessoas com as quais trabalhamos também é considerado um comportamento ético. Ao contrário, fazer intrigas para tirar proveito de uma situação não é nada ético. Na verdade, não é difícil ser uma pessoa ética. Basta se colocar no lugar do outro: "Como eu me sentiria se alguém fizesse isso comigo? Como eu reagiria?"

As questões éticas aparecem em vários momentos da vida. Na profissão, espera-se que a pessoa cumpra aquilo que combinou, que seja honesta, educada e respeite seus colegas e empregadores. Agindo assim, também criará condições para ser respeitada.

Perguntamos para algumas profissionais do setor de governança o que entendiam por "ética profissional", e as respostas foram bem consistentes. Leia o que elas responderam:

> *Acima de tudo é respeitar as pessoas como gostamos de ser respeitados, além de ser honesto com os outros e consigo mesmo.* (Camilla Cremonez, assistente de governança do JW Marriott Hotel, Rio de Janeiro)

> *É tratar qualquer caso discretamente, sem julgamentos, mantendo a integridade do hóspede dentro do hotel.* (Rossana Spena, diretora de hospedagem do Hotel JW Marriott, Rio de Janeiro)

> *É seguir com fidelidade a cultura da empresa, sem ferir os meus valores pessoais.* (Antonieta Maria de Jesus do Nascimento, coordenadora operacional de governança e lavanderia do Sheraton Rio Hotel & Resort, Rio de Janeiro)

> *É fazer o que é correto. Ter responsabilidade pelo que faz em seu setor.* (Marilda Nunes dos Santos, camareira do Hotel Senac Ilha do Boi, Espírito Santo)

> *É ter responsabilidade naquilo que faz. E resguardar a privacidade do hóspede.* (Maria de Souza da Silva, camareira do Hotel Senac Ilha do Boi, Espírito Santo)

Vejamos alguns exemplos do que pode ser chamado de ética no serviço das camareiras:

Para evitar mal-entendidos ou situações constrangedoras tanto para o hóspede quanto para você, nunca trabalhe com o hóspede dentro do apartamento com a porta fechada. A porta somente deve ser fechada a pedido do hóspede e, nessa situação, você deverá avisar a governanta.

O sigilo é fundamental para a privacidade dos hóspedes. Jamais revele seus nomes ou qualquer outra informação sobre eles a terceiros.

Seja discreto em relação a hóspedes famosos ou autoridades. É inadmissível qualquer abordagem informal por parte dos funcionários, como pedir autógrafo, tirar fotos ou querer demonstrar intimidade.

Um caso de ética | Não é raro que hóspedes acusem as camareiras pelo sumiço de algum bem material deixado no apartamento. Camareiras atentas nunca dão chances para isso acontecer e tomam atitudes éticas assim que percebem situações suspeitas ou estranhas.

Houve o caso de um hóspede que escondeu grandes quantias de dinheiro em diferentes locais do apartamento em que estava. Com uma fita crepe, ele fixou pacotes atrás da coluna da pia do banheiro, atrás do armário, embaixo da cama.

Ao fazer a limpeza, a camareira viu um dos pacotes, estranhou aquilo e comunicou o caso para a governanta imediatamente, sem tocar em nada. Depois se descobriu que eram pacotes de dinheiro. A situação foi resolvida pela governanta junto à gerência, que providenciou um cofre do hotel para o hóspede, visto que a UH não oferecia este serviço.

Nesse caso, o procedimento da camareira foi exemplar, demonstrou responsabilidade profissional, respeito e ética nas relações com o hóspede. Além disso, evitou problemas para si mesma e para o hotel.

EXERCÍCIOS

1. Relacione pelo menos três cuidados que você, camareira, deve ter com sua saúde.

2. Sua imagem pessoal também merece atenção durante o trabalho. Liste três cuidados que você deve ter com seu uniforme e sua aparência pessoal.

3. O que é ética para você? Lembra de algum caso envolvendo questões de ética que tenha acontecido na sua vida?

4. Situações-problema:

A Como você agiria numa situação em que um hóspede VIP alérgico tem várias recomendações especiais, entre elas: exige que a limpeza seja feita na sua presença e pede para não usarem produtos de limpeza com fragrância.

B Como você agiria numa situação em que um hóspede a aborda no corredor com um pacote de presente belíssimo, dizendo que é uma gentileza pelos seus serviços prestados?

C Como você agiria se visse um hóspede andando bêbado pelo corredor e não conseguindo sequer abrir a porta do apartamento?

Material de trabalho

O grande aliado da camareira

3

MATERIAL DE TRABALHO: O GRANDE ALIADO DA CAMAREIRA

Nenhum outro setor da hotelaria marca tanta presença no meio de hospedagem quanto a governança. A governanta determina o que deve ser feito, passa todos os ambientes em revista, mas é a camareira que cuida diretamente de cada detalhe, a fim de garantir o acolhimento do hóspede.

Para realizar a limpeza e arrumação das UHs e das áreas comuns, a camareira precisa conhecer o material de trabalho, saber quando e onde utilizá-lo e cuidar para que não haja desperdício de produtos nem mau uso dos equipamentos. Afinal, tanto os equipamentos e utensílios (carrinhos de serviço, eletrodomésticos, baldes, vassouras etc.) como os produtos de uso geral representam um investimento da empresa.

Os funcionários devem ter compromisso com a economia e o uso racional e cuidadoso de tudo que pertence ao estabelecimento. Isso também é uma questão de ética. Sem falar que os equipamentos, utensílios e produtos são os aliados da camareira no dia-a-dia. Mais um motivo para cuidar bem deles.

Utensílios e materiais de limpeza

Seja dentro das UHs ou nas áreas comuns do hotel, os utensílios são indispensáveis para a realização do trabalho da camareira. Confira, no quadro, os usos e os cuidados para cada um deles.

Utensílios e materiais: usos e cuidados

UTENSÍLIO	USOS E CUIDADOS
Balde	Pode ser utilizado para carregar água, produtos de limpeza, roupas etc. Lavar o balde a cada uso, eliminando resíduos dos produtos da limpeza anterior. Guardá-lo na rouparia ou no próprio carrinho.
Camurça	Tecido usado para lustrar móveis, dar brilho nos vidros e espelhos. É mais maleável e macio do que uma flanela. Após o uso, dependendo de seu estado, lavá-lo e deixar secar para o dia seguinte. Em hotéis de grande porte, a lavanderia se encarrega de lavar e entregar limpo para as equipes dos andares.
Desentupidor	Desobstrui encanamentos, ralos de pia e chão. Os pequenos, com cabo curto, geralmente são usados para pias e tanques. Os grandes, com cabo longo, são usados em sanitários. Lavá-lo após o uso e acondicioná-lo em saco plástico para evitar contaminação.
Escada (de 3 a 5 degraus)	Antes de subir na escada, verificar se a base está bem apoiada. Guardá-la limpa e seca para não enferrujar e, de preferência, na rouparia central, para que outras camareiras possam usá-la.
Escova de mão	De tamanhos variados, as escovas de cerdas duras devem ser usadas em superfícies resistentes. As de cerdas macias, em superfícies delicadas. Para evitar arranhões, nunca usar escovas duras em superfícies delicadas. Manter a escova limpa após o uso e guardá-la em caixas plásticas ou dentro de um balde seco e limpo.

UTENSÍLIO	USOS E CUIDADOS
Escova para sanitário ou lavador de sanitário	Auxilia na limpeza do sanitário. Nunca utilizar a escova para sanitários em outros lugares, para evitar contaminação. Manter a escova limpa após o uso.
Esponja dupla face	O lado macio serve para as superfícies delicadas e o lado áspero (fibra abrasiva), para superfícies mais resistentes. Manter a esponja limpa após o uso. Pode ser guardada juntamente com as escovas de mão.
Esponja macia	Auxilia na limpeza de superfícies mais delicadas. Manter a esponja limpa após o uso. Pode ser guardada com as escovas de mão. Se for de uso exclusivo de sanitários, envolvê-la em saco plástico para evitar contaminação.
Feiticeira (vassoura)	Limpa tapetes e carpetes. Não deve ser utilizada em pisos delicados, pois as rodinhas abaixo da caixa podem riscá-los. Após o uso, desmontá-la para retirar o lixo, limpar caixa e escovas. Guardar a feiticeira na rouparia dos andares, em armário previamente indicado ou em ganchos. Há uma feiticeira pequena utilizada para recolher migalhas da mesa e uma nova versão elétrica, com bateria, conhecida por aspirador ergorrápido.
Flanela	Tecido que serve para limpar e lustrar móveis e objetos. Utilizar o tamanho conveniente para a tarefa. Manter a flanela limpa após o uso. Lavar e colocar para secar. Em hotéis de grande porte, a lavanderia se encarrega de lavar e entregá-la limpa para as equipes dos andares.
Lixeira grande com tampa	Recipiente usado para descarregar o lixo do carrinho de serviço da camareira no final do dia. Usar sacos plásticos dentro da lixeira para acondicionar o lixo. Lavá-la regularmente com água, sabão e escova.
MOPs	Utensílios mais modernos que substituem alguns mais antigos, como vassoura de vasculhar e esfregão. Indicados para todos os tipos de pisos, os MOPs permitem mais eficiência porque retêm a poeira. Os modelos de mão (com cabo curto) e os de chão (com cabo longo) são variados e possuem articulações que permitem movimentos amplos. Possuem pontas acessórias para diferentes usos.

UTENSÍLIO	USOS E CUIDADOS
Pá de lixo	Ajuda a recolher o lixo varrido. Lavar a pá com água, sabão e escova, regularmente. Guardá-la em ganchos dispostos para essa finalidade.
Palha de aço	É usada para limpar sujeiras que precisam ser esfregadas ou raspadas. Não utilizar em superfícies polidas, pintadas, antiaderentes e acrílicas, nem em locais por onde passa corrente elétrica. Para maior durabilidade, mantenha-a mergulhada em pote com sabão pastoso.
Pano de limpeza	Há vários tipos de panos de limpeza. Após o uso, lavar muito bem os panos e estendê-los para secar. Em hotéis de grande porte, a lavanderia se encarrega de lavar e entregá-los limpos para as equipes dos andares.
Luvas de borracha (par)	Existem nos tamanhos pequeno, médio e grande. Após o uso, limpar as luvas e guardá-las secas em local arejado com talco dentro. Podem ficar penduradas ou deitadas em uma prateleira.
Saco de lixo	Serve para acondicionar o lixo dentro da lixeira. Como existem vários tamanhos de lixeiras, usar o mais adequado às necessidades dos ambientes do hotel.
Rodo	Usado para puxar água de áreas molhadas. Também pode ser usado com um pano enrolado na base, para secar. Apesar de ser usado em água, deve ser guardado em local seco para não estragar.
Rodo aplicador ou espalhador de cera	Esse rodo tem uma espuma na base para aplicar cera líquida em pisos. Após o uso, o resíduo de cera precisa ser retirado. Guardá-lo em local seco, com a espuma para cima. Há modelos que, no lugar da espuma, possuem um refil de microfibras que proporciona a aplicação do produto de maneira uniforme.
Rodo dupla face	Usado para limpar janelas, vitrais e vidraças, o lado da espuma serve para passar o produto de limpeza e o lado de borracha, para puxar a água. Após o uso, o resíduo do produto deve ser retirado. Guardá-lo em local seco, com a espuma para cima.
Vassoura	As de cerdas mais duras ou artificiais (piaçava, crina, plástico) servem para lavar ou varrer pisos resistentes. As chamadas vassouras de pelo são usadas em pisos sensíveis. Deve ser guardada limpa em local seco, pendurada ou de cabeça para baixo, para não deformar.

Os equipamentos elétricos

Em determinadas áreas e circunstâncias, os equipamentos elétricos são indispensáveis para a realização eficiente das tarefas de limpeza. Como existem diferentes modelos e marcas, o hotel certamente se encarregará de treinar a camareira a usar corretamente cada equipamento. Veja os principais no quadro.

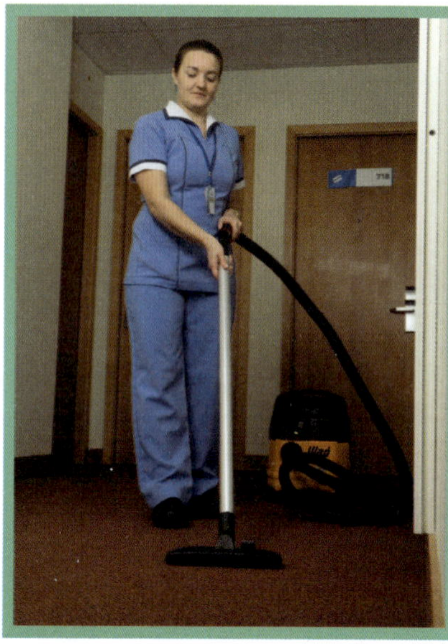

Equipamentos: usos e cuidados

UTENSÍLIO	USOS E CUIDADOS
Aspirador de pó	Esse aparelho, que elimina o pó sem levantar poeira, não funciona bem sem alguns acessórios. Cada hotel escolhe os mais adequados às próprias necessidades. Há bicos extensores de formatos variados, além de escovas para sofás e cortinas. Para limpeza de carpetes, costuma-se equipar o aspirador com uma escova rotativa, que transforma o aparelho em escova aspirante. Os filtros que recolhem a sujeira devem ser trocados diariamente – em geral, são descartáveis.
Enceradeira	Limpa, esfrega, encera e lustra os pisos de madeira ou de plástico. Seus principais componentes são: lixas para esfregar, discos em lã de aço, discos em escovas de náilon, discos em feltro. Um tanque localizado na parte da frente da enceradeira faz a distribuição de cera líquida. Após o uso, deve-se limpar as escovas e desengordurar o tanque de cera, deixando-o de molho em solvente indicado.

VIDA LONGA PARA OS APARELHOS ELÉTRICOS | Para que os aparelhos elétricos tenham maior vida útil, é preciso tomar alguns cuidados:

- Veja se o fio do aparelho está em condições de uso.
- Verifique se o botão do aparelho (liga/desliga) está na posição de desligado antes de conectar ou desconectar a tomada na parede.
- Nunca encaixe ou retire tomadas com a mão molhada.
- Retire a tomada da parede puxando pelo plugue, e não pelo fio.

- Confira o estado dos acessórios. Se estiverem danificados, encaminhe para o setor de manutenção, que providenciará o conserto ou encaminhará para a assistência técnica. Ou comunique o problema à governanta.
- Limpe bem os equipamentos e seus acessórios antes de guardá-los.

EQUIPAMENTO	USOS E CUIDADOS
Máquina de xampu	Limpa tapetes e carpetes. De fácil manuseio, libera a área lavada logo após seu uso. É munida de uma escova cilíndrica que pode ser regulada de acordo com a espessura e o estado de sujeira do tapete/carpete. A espuma pode ser úmida ou seca. Atualmente, a espuma seca é a mais usada pelos hotéis. A máquina deve ser limpa externamente (e também seus acessórios, discos de espuma, escovas etc.) sempre com pano úmido e de acordo com as recomendações do fabricante. O equipamento pode ser guardado na governança ou no setor de manutenção, dependendo da frequência do uso, do seu tamanho e de quem vai operá-la.

Os produtos de limpeza

Além de conhecer o produto de limpeza certo para cada situação, a camareira precisa saber usá-los na dosagem ideal, evitando desperdício.

A maioria dos hotéis trabalha com, no máximo, três produtos multiuso. Há os que usam apenas um e os que usam os produtos domésticos encontrados em supermercado. Quando a sujeira é mais resistente, existe a opção dos produtos de uso industrial, que requerem mais cuidado por causa de seu grau de concentração.

Não existe apenas uma regra para a diluição dos produtos de uso industrial. Cada fabricante determina as proporções de água e produto dependendo do uso. Por isso é importante estar atenta às indicações dos rótulos e às explicações do superior imediato.

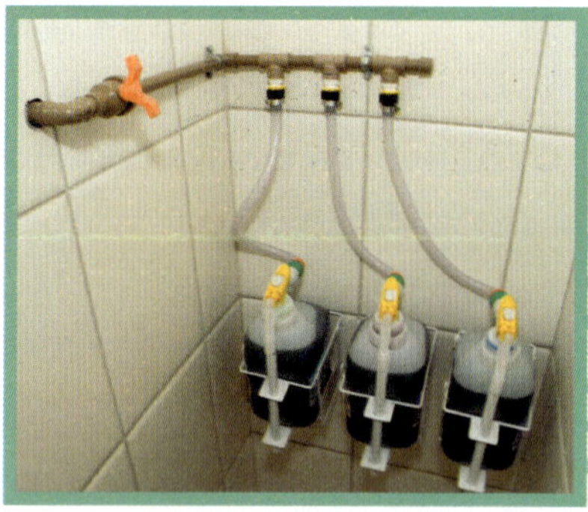

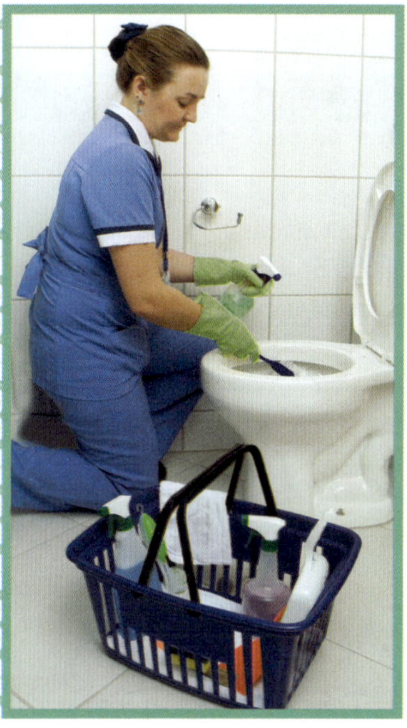

Os produtos de limpeza são substâncias químicas e, apesar de serem diluídos pela governanta ou por uma colaboradora (indicada e devidamente capacitada), só devem ser manuseados com luvas e longe do rosto, para evitar a inalação e o contato com a pele, os olhos e a boca. Esses cuidados evitam intoxicações e irritações na pele.

PRODUTO INDUSTRIAL X PRODUTO DOMÉSTICO | A diferença entre um produto industrial e um doméstico (de uso residencial) é a concentração dos agentes ativos de limpeza. A maioria dos produtos industriais precisa ser diluída para o uso e, mesmo assim, tem ação mais eficaz. A relação custo-benefício é, portanto, melhor no caso de produtos industriais: a qualidade é superior e rende mais com a diluição. Aliás, outro benefício é a ação desengordurante agir somente na gordura, evitando o desgaste do material que está sendo limpo. Para a hotelaria isso é muito importante, pois a limpeza das UHs e das áreas comuns do hotel é diária.

Aqui dividimos os produtos de limpeza em quatro categorias: solventes, agentes químicos, detergentes e produtos de acabamento. Os quadros a seguir destacam as características, a aplicação e os cuidados ao utilizá-los.

Solventes

| São produtos que dissolvem as sujeiras. Cada um é indicado para retirar determinado tipo de mancha, mas os hotéis costumam eleger um único produto com função multiuso que seja menos agressivo às superfícies a serem limpas.

Vale lembrar que o "solvente multiuso" tem aplicações e recomendações variadas para cozinha, quarto, corredor etc. Deve-se obedecer às recomendações dos fabricantes, pois cada superfície requer uma concentração e uma formulação (composição química) diferente.

De qualquer maneira, é importante saber as particularidades de cada um. Acompanhe o quadro a seguir:

SOLVENTE	CARACTERÍSTICAS, APLICAÇÃO E CUIDADOS
Água	Retira manchas de açúcar, ovo, sangue e goma. Quanto mais quente a água, melhor a remoção das manchas. Cuidado para não queimar a pele com a água quente.
Álcool	Atualmente este produto não é muito utilizado na hotelaria, porém serve para retirar manchas de gordura em vidros, espelhos, torneiras, pias, bidês, banheiras, cromados. Nunca use sobre lâmpadas e tubos fluorescentes, pois estes podem estourar com o resfriamento brusco. Também nunca use em objetos ou superfícies de acrílico ou esmaltadas (geladeira, telefone), pois ficam danificados. Feche bem o recipiente antes de guardá-lo, para que o conteúdo não evapore. Cuidado, álcool é inflamável (pega fogo). Deixe o frasco longe de fontes de calor (chamas de vela, fósforo, fogão, forno etc.).
Amoníaco	Retira a gordura de pisos, paredes, banheiras, bidês e pias. É um líquido que evapora e tem cheiro forte. Os cuidados são seguir as recomendações do fabricante quanto ao uso de luvas (evitando o contato direto com a pele), de máscara e quanto à diluição correta. Nas formulações de produtos profissionais, o amoníaco já vem no produto recomendado para uso em banheiros, principalmente pela capacidade desengordurante de boxes, pias, bidês. Para cozinhas, por exemplo, a concentração de amoníaco é maior.
Terebintina	Próprio para madeiras enceradas, retira manchas de gordura e verniz. Mas atenção, pois danifica pintura a óleo; não use em superfícies deste tipo. Mantenha a terebintina longe de fontes de calor (chamas de vela, fósforo, fogão, forno etc.) e feche bem o recipiente antes de guardá-lo.

Agentes químicos | Os agentes químicos citados no quadro a seguir fazem parte das fórmulas dos produtos multiuso que os hotéis costumam comprar. Só devem ser usados puros sob a supervisão de uma pessoa capacitada que conheça seus efeitos sobre a superfície a ser limpa.

Cada produto químico tem um uso específico, com concentração e composição diferentes. Existem produtos próprios para a limpeza das UHs, das áreas comuns ou até mesmo dos ambientes de alimentação. A governanta deve conhecer os resultados esperados de cada um deles. É recomendável que se faça um teste em pequena área das superfícies antes do uso, a fim de evitar danos ou prejuízos.

AGENTE QUÍMICO	CARACTERÍSTICAS, APLICAÇÕES E CUIDADOS
Ácido muriático	Líquido esverdeado, volátil e de cheiro sufocante. É indicado quando o vinagre não é eficaz. Dissolve o calcário em vasos sanitários e os depósitos de cimento em azulejos. Este produto ataca a pele e deve ser manipulado com um pano na ponta de um bastão. Exige também o uso de máscara descartável e luvas de borracha.
Água oxigenada	Elimina manchas de grama e de outras resinas naturais de plantas sobre tecidos brancos. Utilizar em pequenas doses até conseguir o resultado desejado.
Água sanitária (Hipoclorito de sódio)	É considerada um antisséptico eficaz (destrói micróbios). Age clareando tecidos brancos e desinfetando sanitários e escovas de limpeza. Deve ser diluída com água de acordo com as proporções indicadas na embalagem, sabendo que, quanto mais água, menor o poder de clareamento. A água sanitária própria para tecido colorido é um alvejante à base de oxigênio ativo, formulado especialmente sem cloro e fosfato. Deve ser guardada ao abrigo da luz.
Antiferrugem	Líquido ou em pó, age eliminando manchas de ferrugem de tecido branco e azulejos. Nunca utilize sobre superfícies esmaltadas. Em tecidos, a aplicação deve ser feita antes da lavagem e o enxágue deve ser abundante. Respeite o tempo de ação indicado pelo fabricante.
Soda cáustica	Líquida ou em pó, é usada para desentupir encanamentos. Leia as instruções da embalagem e não toque no produto com os dedos úmidos – ele corrói a pele. Para manuseá-lo, use luvas e máscara e tenha o cuidado de mantê-lo longe do rosto para evitar a inalação. Guarde-o em caixa metálica bem vedada.
Vinagre	Líquido à base de álcool ou de vinho, é uma excelente solução antisséptica. Muito eficiente sobre o calcário das torneiras, a gordura depositada nos ralos e canos das pias e banheiras, a ferrugem, as manchas de barro e os depósitos brancos nos copos de higiene bucal. Use em doses reduzidas – bastam algumas gotas em um litro de água para polir copos.

Detergentes | Ao contrário do que se pensa, o termo "detergente" não se refere apenas ao produto usado para lavar louças. Aqui os detergentes são entendidos de modo diferente. Há dois tipos: os tradicionais, compostos de gorduras misturadas com soda ou potássio, que têm ação média e não agressiva como, por exemplo, os sabões branco e preto. Mas há também os detergentes de síntese à base de petróleo, que têm ação completa e agressiva. Vejamos o quadro:

DETERGENTES	CARACTERÍSTICAS, APLICAÇÕES E CUIDADOS
Líquidos detergentes	Não confundi-los com os detergentes usados para lavar louças. Estes são mais viscosos e concentrados. Na verdade, líquidos detergentes usados em hotéis são produtos multiuso com ação detergente. A diluição deve seguir as instruções de cada fabricante. Evitar inalação, contato direto e permanente com a pele.
Pasta para arear	Ideal para limpar o esmalte dos sanitários e das torneiras porque não arranha. Enxaguar bem após a utilização.
Sabão branco	Em pedra ou em pó, é considerado detergente de muito boa qualidade quando tem óleo de palmeira em sua composição. Age em qualquer circunstância, porque é neutro, não ataca a pele nem os revestimentos plásticos. Conservar em local seco.
Sabão em pó	Produz uma espuma perfumada e é ideal para a limpeza de roupas. Lavanderias pequenas costumam usá-lo, mas as industriais que lavam enxovais utilizam produto específico.
Sabão preto	Produto viscoso com forte poder de limpeza sobre pisos gordurosos (cozinha, copa, despensa etc.). Usar luvas para manuseá-lo, pois pode irritar a pele.

Produtos de acabamento | São utilizados após a limpeza para dar um belo aspecto às superfícies de móveis e pisos. Em geral, um polimento é necessário para que os produtos de acabamento atinjam o efeito desejado.

Em geral, os hotéis usam óleo para madeira, lustra-móveis ou cera específica para polir móveis. O gerente deve avaliar a relação custo/benefício e definir qual é o produto ideal, dependendo da frequência do procedimento e da área a ser tratada. Muitas pousadas optam por lustra-móveis domésticos quando os móveis são polidos ou o piso tem sinteco.

Há produtos de acabamento que perfumam o ambiente. Mas lembre-se: quando limpamos e eliminamos a sujeira de um ambiente, ele já fica com cheiro bom, com "cheiro de limpeza". Isso é percebido pelo hóspede e não deve ser mascarado por uso excessivo de produtos desodorizantes.

PRODUTOS DE ACABAMENTO	CARACTERÍSTICAS, APLICAÇÕES E CUIDADOS
Autopolidor	Produto líquido (um tipo de cera líquida) que dá brilho aos pisos e deve ser aplicado após a limpeza. Utilizar em pequenas quantidades para que o piso não fique escorregadio.
Cera	Pasta untuosa que age proporcionando brilho aos móveis e a vários tipos de pisos. Deixar a cera secar antes de polir. No caso de grandes áreas, o polimento é feito com a máquina polidora e com um disco de lã. Em pequenas superfícies, como móveis, usa-se uma flanela ou camurça. Recomenda-se ler as instruções do fabricante da cera.
Desodorizante de ambiente	Um ambiente limpo deve ter cheiro de limpeza e não de produtos de limpeza. O desodorizante de ambiente precisa ser usado em pequena quantidade na saída do hóspede e não durante sua estada. O mais importante é deixar o ambiente arejar bastante antes da chegada do hóspede.
Encáustica	Pasta untuosa à base de cera e de terebintina – às vezes, contém resina de vinil que proporciona resistência à umidade. Age sobre madeira e couro. Deixe a encáustica secar antes de polir com flanela ou camurça.

A SAÚDE EM PRIMEIRO LUGAR | A maioria dos hotéis usa produtos concentrados e específicos para cada superfície. Eles são diluídos pela chefia e distribuídos às camareiras de acordo com a quantidade de áreas a serem limpas. As empresas que fabricam, fornecem ou revendem esses produtos e materiais de limpeza oferecem treinamentos para os profissionais.

É obrigação dos hotéis informar sobre os materiais que cada funcionário vai manipular. Cada produto deve ter uma ficha, contendo as informações claras sobre a composição química, os possíveis riscos à saúde, os procedimentos em caso de vazamento e as formas de proteção durante o uso.

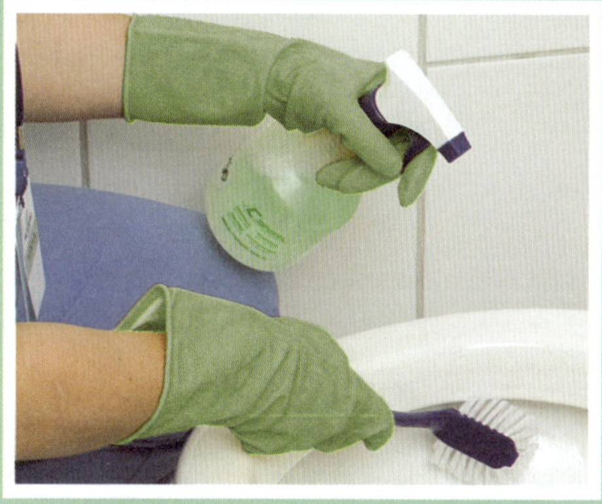

O carrinho de serviço

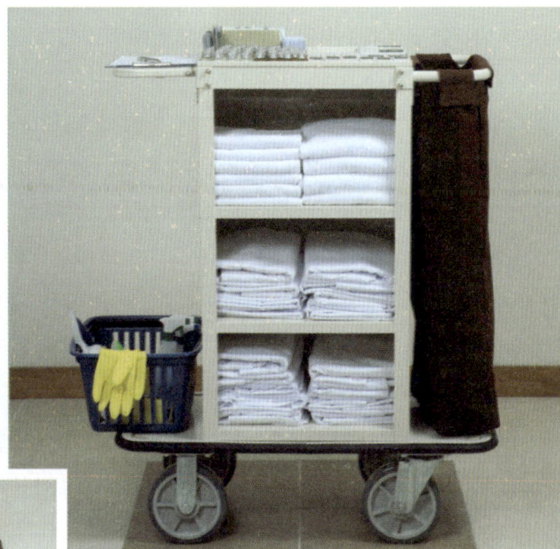

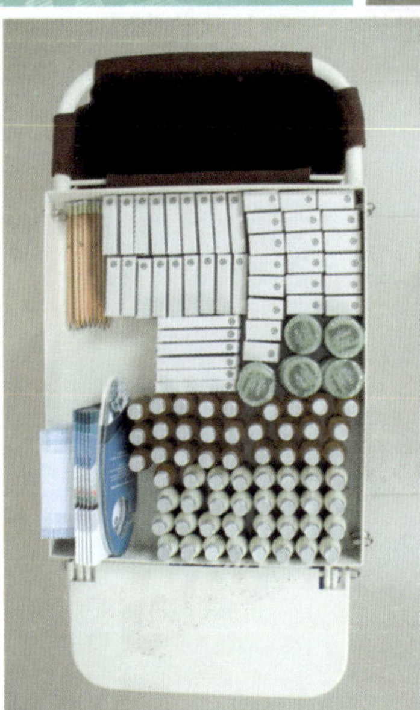

É o equipamento que transporta praticamente todo o material de trabalho da camareira e permite reduzir idas e vindas à rouparia. Com ele se ganha tempo e se reduz o cansaço de quem trabalha nos andares.

Há vários modelos e tamanhos de carrinho, dos mais simples aos mais completos, que permitem transportar todo o material necessário para a limpeza e a arrumação das UHs e áreas comuns. Aliás, existem carrinhos de camareira, de rouparia, de limpeza e de lavanderia.

No caso da camareira, o fabricante recomenda a capacidade do carrinho relativamente ao número de UHs, considerando enxoval, amenidades, utensílios e produtos. Os carrinhos possuem rodas de borracha para evitar ruídos pelos corredores e seu desenho permite que o enxoval limpo fique armazenado de um lado, os materiais de limpeza de outro, materiais de reposição (amenidades, lenços de papel, cinzeiros, folheteria, formulários etc.) em compartimentos e as roupas retiradas dos apartamentos nos sacos de lona. Um lugar para cada item.

A camareira deve seguir sempre as normas do hotel em seus procedimentos de trabalho, mas sejam quais forem as regras de uso do carrinho, ele deve ser limpo ao final do expediente e organizado antes do início da jornada de trabalho.

No final do expediente, a camareira finaliza limpando-o, retirando o lixo, as roupas usadas, os objetos esquecidos pelos hóspedes. No início da jornada de trabalho, a camareira prepara o carrinho, colocando organizadamente enxoval, amenidades, itens de reposição (papel higiênico, folheteria, brindes etc.), materiais de limpeza e produtos já em sua diluição recomendada. Mas isso veremos em detalhes no capítulo 5.

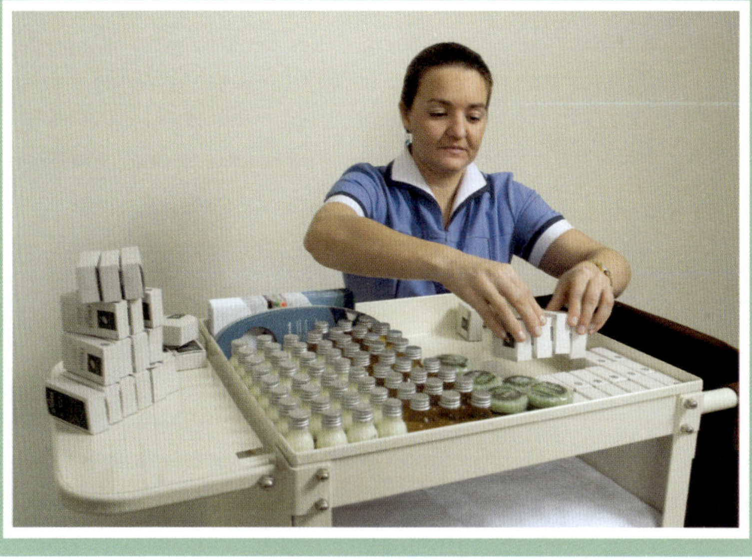

EXERCÍCIOS

1. Quais são os cuidados que você deve ter com o material de trabalho? Por quê?

2. Produtos de limpeza podem ser tóxicos ou irritar a pele. Como evitar esses possíveis problemas e proteger sua saúde?

3. Correlacione as duas colunas: a primeira traz o material de limpeza e a segunda o cuidado que se deve ter ao usá-lo.

1. Água sanitária	( ) Lavar a cada uso, eliminando resíduos dos produtos da limpeza anterior.
2. Álcool	( ) Lavá-lo após o uso e acondicioná-lo em saco plástico para evitar contaminação.
3. Aparelhos elétricos	( ) Antes de usar, verificar se a base está bem apoiada.
4. Aspirador de pó	( ) Manter limpa após o uso.
5. Balde	( ) Após o uso, limpar e guardá-las secas em local arejado com talco dentro.
6. Desentupidor	( ) Deve ser guardada limpa em local seco, pendurada ou de cabeça para baixo, para não deformar.
7. Escada	( ) Os filtros que recolhem a sujeira devem ser trocados diariamente - em geral, são descartáveis.
8. Esponja	( ) Nunca encaixe ou retire tomadas com a mão molhada.
9. Líquidos detergentes	( ) Nunca use em objetos ou superfícies de acrílico ou esmaltadas (geladeira, telefone), pois ficam danificados.
10. Luvas	( ) Deve ser diluída com água de acordo com as proporções indicadas na embalagem, sabendo que quanto mais água menor o poder de clareamento.
11. Sabão preto	( ) Usar luvas para manuseá-lo, pois pode irritar a pele.
12. Vassoura	( ) Evitar inalação, contato direto e permanente com a pele.

Onde está a camareira?

Transitando pelo hotel

ONDE ESTÁ A CAMAREIRA? TRANSITANDO PELO HOTEL

A camareira entra em ação antes da chegada dos hóspedes ou logo após a sua saída. E durante a estadia dos visitantes cabe a ela manter os ambientes do hotel sempre arrumados. Sua atuação deve ser discreta e suas técnicas de trabalho perfeitas, para que tudo pareça ficar pronto num passe de mágica.

Para desenvolver esse, digamos, dom de "feiticeira", além de conhecer o material de trabalho, a camareira precisa estar familiarizada com os ambientes por onde vai transitar e trabalhar. É o que veremos agora!

Unidades habitacionais (UHs)

É na unidade habitacional que a camareira desempenha sua função principal: limpar e arrumar. Nesse espaço ela trabalha diretamente para o conforto e o bem-estar dos hóspedes.

A disposição dos móveis na UH deve ser bem planejada para facilitar a circulação do hóspede e o trabalho de limpeza e manutenção. A camareira não está autorizada a mudar a distribuição do mobiliário da UH, mas, sendo a profissional do hotel que mais se movimenta no quarto, ela pode perceber o que realmente funciona. Aliás, em situações específicas ou quando pedirem sua opinião, ela pode dar informações e sugestões para melhorar o funcionamento do setor de governança como um todo.

Além de funcional, a UH deve ser um lugar agradável e bonito, limpo e bem arrumado, a fim de que o hóspede se sinta à vontade. Executivo que viaja muito a trabalho é um bom parâmetro para se avaliar a importância da UH em um meio de hospedagem. Esse profissional passa mais tempo em hotéis do que em sua própria casa e, por isso, acaba elegendo alguns deles como segunda morada. Todos os serviços do hotel são levados em consideração nessa escolha, mas é principalmente a UH que dá a sensação de bem-estar que dificilmente se encontra fora de casa. Os hotéis tentam suprir essa carência, oferecendo o conforto do enxoval, dos lençóis e da roupa de banho. A UH deve ter algo que remeta o executivo, no caso, à sensação de estar em casa. O que ele procura é a delicadeza do serviço, o acolhimento sem que entrem em sua intimidade.

Neste capítulo, vamos demonstrar os roteiros de trabalho com fotos. Mas antes disso é bom saber que existem diversos tipos de unidades habitacionais, cujos nomes variam em função dos ambientes que os compõem.

Como vimos no capítulo 1, os hotéis usam diferentes nomes para indicar as UHs de acordo com os serviços que oferecem aos hóspedes.

QUARTO | Ambiente com leito (cama), sem banheiro. Esse tipo de aposento é característico em pensões, albergues e meios de hospedagens alternativos. Os quartos podem abrigar diversos hóspedes, e o banheiro coletivo fica no corredor.

APARTAMENTO | Quarto com banheiro privativo.

SUÍTE | Quarto, banheiro e complemento (sala de estar e/ou pequena cozinha).

CONJUGADO | Sempre que houver uma porta de comunicação entre os diferentes cômodos e ambientes, esse aposento pode ser chamado de conjugado.

SINGLE, *TWIN* E *DOUBLE* | A UH recebe uma classificação, conforme a quantidade de hóspedes que acolhe e os tipos de cama que possui:

Single | Embora o número e os tipos de cama na UH possam mudar de um hotel para outro (existem quartos com duas ou três camas de solteiro, ou apenas uma de casal, por exemplo), a UH é denominada *single* quando há apenas uma pessoa para ocupá-la. É um termo usado para o controle de cobrança de tarifa.

***Double* (ou Duplo)** | Termo usado para UH com duas camas de solteiro e ocupada por duas pessoas. Também é comum *double* para UH com uma cama de casal ocupada por duas pessoas. Alguns hotéis determinam a UH como AP ou Suíte Casal.

Twin | O termo em inglês, que significa "gêmeos", refere-se à UH que tem dois leitos iguais - sejam dois de solteiro ou dois de casal. No Brasil, é comum esse tipo de aposento ter duas camas de solteiro, mas em países como os Estados Unidos o usual são duas camas de casal.

APOSENTOS ESPECIAIS PARA PESSOAS ESPECIAIS

Na maioria dos hotéis, há UHs mais amplas para acolher com conforto os hóspedes que usam cadeiras de rodas. O mobiliário tem altura e largura padronizadas e deve ser disposto de forma a não dificultar a circulação do hóspede. As portas são mais largas e o banheiro tem barras de apoio e instalações planejadas. O telefone também fica colocado a uma altura predefinida. Vale lembrar que existem telefones para deficientes auditivos com teclado adaptado e lâmpada que acende quando o aparelho toca.

A Associação Brasileira de Normas Técnicas (ABNT) determina que, além das UHs, as áreas comuns dos hotéis também devem ser adequadas às necessidades das pessoas portadoras de deficiência. Preveem, por exemplo, a instalação de rampas paralelas às escadas e de pisos não escorregadios e sem desníveis, com beiradas arredondadas; corredores e portas (incluindo a dos elevadores) mais largos do que a medida padrão.

A norma mais utilizada como base para esses projetos de adequação das estruturas físicas do hotel aos portadores de deficiência é a NBR 9050. Essa norma define padrões para dimensionamento dos espaços e apresenta soluções como: rebaixamento de guias, estacionamentos, rampas, corrimãos, guarda-corpos, alturas de equipamentos, portas, elevadores, sanitários etc. Outras normas também interessam ao setor de hospitalidade: a NBR 7192 para projeto, fabricação e instalação de elevadores; a NBR 9077 para saídas de emergência em edifícios; a NBR 9283 para mobiliário urbano; e a NBR 9284 para equipamento urbano.

Rouparia

Quando o assunto é rouparia, não importa o tamanho do hotel. Seja de pequeno, médio ou grande porte, todos precisam ter uma área destinada ao armazenamento do enxoval. Isso inclui roupa de cama e de banho, travesseiros, colchões, cobertores, berços, cortinas, uniformes da equipe de colaboradores e enxoval do restaurante, já que é responsabilidade do setor de governança armazenar e controlar também a rouparia do departamento de alimentos e bebidas.

ROUPARIA CENTRAL

As rouparias, tanto a central quanto a dos andares, devem ser bem ventiladas e, de preferência, contar com iluminação natural para evitar umidade e mofo no material armazenado. A luz natural, além disso, representa uma economia de energia elétrica, contribuindo para a preservação do meio ambiente.

Em hotéis de médio e grande porte normalmente existe uma rouparia central que armazena todo o enxoval e abriga, de carona, uma pequena seção de costura, a sala da governanta e um depósito – onde se encontram os utensílios e materiais de limpeza, as amenidades e a folheteria em uso. Além disso, a rouparia central serve de apoio para a rouparia dos andares. Nos hotéis em que não há espaço para que todos esses ambientes fiquem juntos, o ideal é que sejam instalados o mais próximo possível uns dos outros.

A maioria dos hotéis de médio e grande porte também dispõe de rouparia de andar. Como o nome sugere, é o local destinado para armazenar o enxoval e os produtos que atendem o andar. Em alguns meios de hospedagem, ela fica a cada dois andares, por economia de espaço. Em pousadas, essa área pode existir para atender blocos de apartamentos.

ROUPARIA DE ANDAR

Na maioria dos hotéis, as camareiras são responsáveis por manter a limpeza e a arrumação da rouparia. A orientação e a supervisão da rouparia é de responsabilidade da governanta geral ou de sua assistente/supervisora de andares, ou mesmo da chefe da rouparia, dependendo da estrutura física e de pessoal do estabelecimento. A principal tarefa na rouparia é o armazenamento de todo enxoval do hotel (cama, mesa, banho, travesseiros, colchões, cobertores, berços, cortinas, uniformes da equipe de colaboradores etc.).

O enxoval do hotel

| O conforto e o bem-estar que o enxoval do hotel pode proporcionar ao hóspede dependem não só da qualidade dos itens, mas também dos cuidados que toalhas, lençóis e afins recebem quando são lavados, passados e armazenados nas rouparias.

As normas de estocagem, manutenção e conservação do enxoval são determinadas pela gerência, que informará às camareiras os procedimentos do hotel. De modo geral, cabe às camareiras cuidar do enxoval o tempo todo; isso significa verificar o estado de conservação das peças ao manuseá-las na rouparia, ao arrumar o carrinho, ao recolher o enxoval sujo, ao vestir a cama da UH.

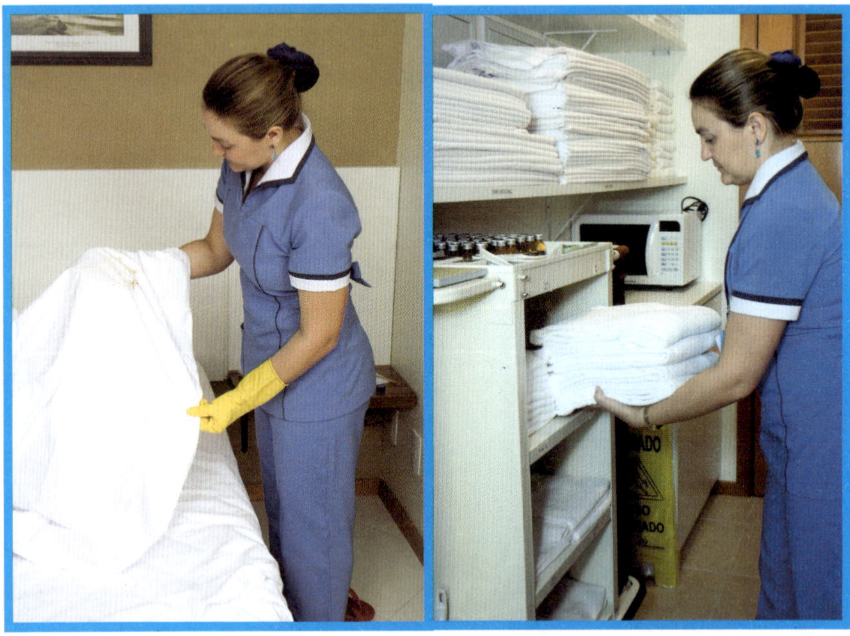

Na rouparia e no carrinho de serviço, é preciso verificar o armazenamento das peças. Prateleiras ásperas, por exemplo, podem desfiar os tecidos, e cantos pontiagudos podem rasgar as peças. E é na hora de recolher ou colocar o enxoval nas UHs que a camareira percebe se as peças estão rasgadas, desfiadas ou manchadas.

O enxoval evidentemente varia de um hotel para outro; as peças básicas estão relacionadas aqui, mas pode haver ainda edredons, colchas de piquê (algodão), almofadas, rolinhos decorativos.

LENÇÓIS E FRONHAS | No setor de hospedagem, saber comprar significa ter melhor relação entre qualidade e preço. Com o passar do tempo, o barato pode sair caro e a compra cara pode se revelar econômica. No caso de lençóis e fronhas, a qualidade depende de fatores como rotatividade (por quanto tempo o lençol é usado, lavado e retorna para o uso) e manutenção (o modo de lavar e passar, considerando que a água, os detergentes e a temperatura têm efeitos sobre os tecidos). Os tecidos mais usados hoje em dia misturam 50% de algodão e 50% de poliéster. Um lençol assim custa mais caro, porém dura o dobro de um lençol 100% algodão. É mais fácil de lavar, não amassa muito nem fica com "cara de usado", o que é positivo para hotéis que não efetuam a troca de roupa de cama diariamente. A cor branca para lençóis e fronhas é a mais utilizada na hotelaria pela facilidade de manutenção e por mostrar com mais evidência a higiene da roupa, mas outras cores claras e também os estampados já estão sendo usados por alguns hotéis.

COBERTORES | O que se espera de um bom cobertor é que ele aqueça. Quanto mais espesso, macio e inchado (o que não significa pesado), mais ele aquece. Existem cobertores de lã, de pelo de camelo, mas também de viscose, acrílico e clorofibras. A escolha é uma questão de gosto e, sobretudo, de investimento. O preço de um cobertor de pelo de camelo pode ser o dobro ou até o triplo de um cobertor de lã, e de três a quatro vezes mais caro do que um cobertor de matéria sintética. Em geral os hotéis preferem produtos com maior durabilidade.

COLCHAS DECORATIVAS | Comparável à cereja de um bolo, a colcha é o toque final da arrumação da cama. Sua escolha se dá em função da categoria do hotel, da decoração desejada e da qualidade dos serviços oferecidos à clientela (categoria do hotel, localização, clima local etc.). Em geral, as colchas, cortinas e outros tecidos decorativos do quarto formam um conjunto harmônico. Os revestimentos das cadeiras e poltronas também costumam combinar com a decoração da UH. Além de ser uma peça decorativa, a colcha tem a função de proteger a cama. Durante a permanência do hóspede, é comum que a colcha decorativa seja substituída por uma de piquê, que pode servir como cobertor em dias de temperatura amena.

ROUPAS DE BANHO | O tecido atoalhado é a vedete das roupas de banho. É interessante que suas cores combinem com os lençóis, cobertores, carpetes ou demais itens da decoração da UH. O branco ainda é a cor favorita dos hotéis pela facilidade de manutenção e por mostrar a higiene da roupa.

A composição do estoque

| A quantidade de roupas de cama e de banho em estoque no hotel é determinada por alguns fatores: o padrão e a categoria do estabelecimento, a ocupação média anual, o tipo de clientela, a duração média das estadias e a forma de tratamento do enxoval (o tipo de lavagem empregado, os produtos usados etc.).

Essa conta deve ser feita pela governanta, mas é sempre checada pelas gerências de hospedagem e geral, que avaliam os custos. O estoque mínimo garantirá o funcionamento do setor e a qualidade do enxoval permitirá durabilidade e economia a médio prazo.

Estoque mínimo do enxoval por UH

		Lençóis	Toalha banho	Toalha rosto	Piso
UH solteiro	2 leitos/2 camas	6 jogos	6	3	3
UH casal	2 leitos/1 cama	3 jogos	6	3	3

Composição do enxoval*

UM JOGO DE CAMA DE CASAL = 2 lençóis, 2 fronhas, 1 cobertor, 1 colcha, 2 travesseiros.

UM JOGO DE CAMA DE SOLTEIRO = 2 lençóis, 1 fronha, 1 cobertor, 1 colcha, 1 travesseiro.

UM JOGO DE BANHO POR PESSOA = 1 toalha de banho + 1 toalha de rosto + 1 roupão de banho (dependendo da categoria do hotel) + 1 piso por banheiro + 1 toalha higiênica (dependendo da categoria do hotel).

* Dependendo do hotel, outras peças podem compor a cama tendo como base o número de leitos: protetor de colchão, protetor de travesseiro, saia da cama-boxe, colcha de piquê, edredon, almofadas, rolinhos decorativos.

Depósito

Uns falam depósito, outros almoxarifado. Vamos estabelecer aqui uma diferença: geralmente os hotéis dispõem de um grande almoxarifado no qual todas as mercadorias são armazenadas e depois distribuídas aos departamentos, os quais, por sua vez, mantêm os próprios almoxarifados setoriais - também chamados de depósitos.

Pode acontecer de a governança ter o próprio almoxarifado e administrar seus estoques e compras e, neste caso, o acesso ao local poderá ser restrito. Mas, em geral, o setor conta com um depósito que é exclusivo para guardar os materiais nas quantidades necessárias ao trabalho diário. O mais comum é a camareira ter acesso livre a esse depósito.

Em hotéis de grande porte, o depósito geralmente se localiza próximo à rouparia central. Nos de pequeno e médio porte costuma ficar dentro da rouparia, em um espaço predeterminado. Para não comprometer a qualidade dos produtos, o depósito deve ser ventilado e os itens, armazenados adequadamente cada um em seu lugar, sem que se descuide da data de validade dos produtos. Os produtos de limpeza devem ter um espaço separado no depósito, longe dos outros itens, para evitar contaminação química. Já o carrinho de serviço geralmente é guardado na rouparia de andar, quando há espaço, caso contrário o hotel deverá ter local específico para carrinhos e equipamentos maiores, como o aspirador de pó.

Os materiais de reposição das UHs, como folhetos, produtos de higiene (amenidades), cabides, bebidas e alimentos do frigobar (quando este for responsabilidade do setor de governança) são solicitados ao almoxarifado e armazenados no depósito da governança e/ou nas rouparias dos andares, conforme as normas do hotel.

O depósito é administrado por uma pessoa designada pela governanta e com condições de responder por sua organização. Em geral, uma camareira é escolhida para fazer isso e também fica responsável pela limpeza do local. O controle dos itens do depósito deve ser feito diariamente, e esse inventário é apresentado à chefia imediata. Na ausência da governanta, a camareira fica responsável por solicitar os itens de material para o almoxarifado.

CONTROLE DE ESTOQUE | Muitos hotéis, mesmo os menores, já são informatizados. A contagem do estoque deve ser diária e o sistema, alimentado na retirada e na reposição de mercadorias a pedido da governanta. Aliás, existem programas de computador que conectam o depósito ao almoxarifado central, permitindo o acompanhamento mais detalhado de como os andares estão funcionando.

A camareira responsável pelo depósito deve manter uma quantidade mínima de produtos estocados que atenda às UHs, tomando como base a média de ocupação do hotel.

Veja os modelos de formulários.

Inventário da rouparia do andar (controle semanal)

Hotel	Inventário de Roupas			Andar/setor: .... Data: ....../ ....../		
UHs/Roupas	Lençóis		Fronhas	Toalhas		Piso
	Casal	Solteiro		Banho	Rosto	
Totais						
Governanta:						

Inventário da governança (controle mensal)

INVENTÁRIO – GOVERNANÇA

30/4/2009	ENXOVAL: LENÇOL CASAL	SB LENÇOL CASAL	LENÇOL SOLTEIRO	S LENÇOL SOLTEIRO	FRONHA	TOALHA DE BANHO	TOALHA DE ROSTO	PISO
APTOS MONTADOS								
ROUP 1								
ROUP 2	8	8	22	19	67	40	20	20
ROUP 3								
ROUP 4								
ROUP 5	8	8	30	30	80	40		20
ROUP 6	8	8	40	40	80	23	40	20
ROUP 7		31	0	0	80	40	40	20
ROUPARIA CENTRAL								
LAVANDERIA						411	341	86
SUJA								
TOTAL	24	55	92	89	307	554	441	166

30/4/2009	FRIGOBAR: GUARANÁ	GUARANÁ ZERO	COCA	COCA ZERO	SUCO	RED BULL	RED BULL SF	CERVEJA	ÁGUA COM	ÁGUA SEM	SALGADO	CHOCOLATE	BATATA	AMENDOIM
APTOS MONTADOS	72	72	72	72	72	72	72	144	144	144	72	72	72	72
ROUP 1														
ROUP 2														
ROUP 3														
ROUP 4														
ROUP 5														
ROUP 6														
ROUP 7														
ROUPARIA CENTRAL	15	24	12	10	24	60	1	41	20	39	3	20	94	124
LAVANDERIA														
SUJA														
TOTAL	87	96	84	82	96							92	166	196

30/4/2009	AMENIDADES: SABONETE	xAMPU	TOUCA	CONDICIONADOR	LENÇO	KiT	OUTROS: TRAVESSEIRO	COB	COBERTOR	COPO	CABIDE
APTOS MONTADOS											
ROUP 1	30	20	20			20	30				7
ROUP 2	23	35	20			20	1	1		0	
ROUP 3											
ROUP 4											
ROUP 5	30	30			20		2	1			7
ROUP 6	14	17	16	21	14	21				4	
ROUP 7	709		253	30	23	23		1	1		10
ROUPARIA CENTRAL		892	1045	1755	784	176					
LAVANDERIA											
SUJA											
TOTAL	806	994	1354	1806	841	260	33	3	1	4	24

Lavanderia

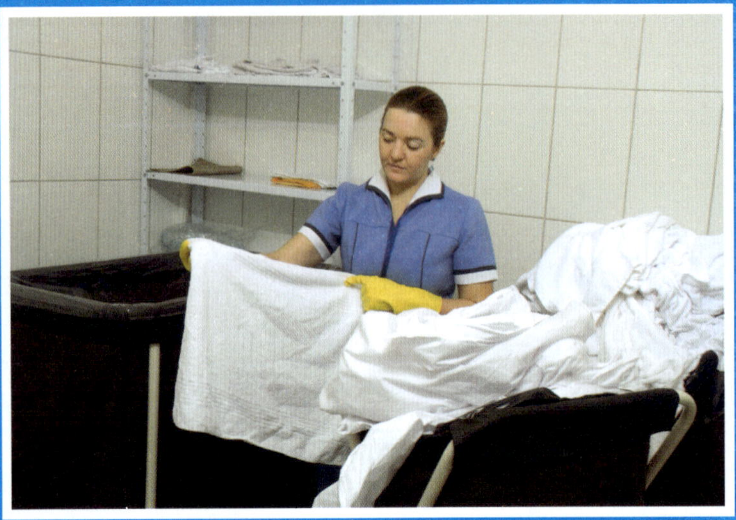

Para o hóspede, não existe melhor forma de avaliar os serviços de hotelaria do que observar a apresentação do enxoval. Ele é uma espécie de vitrine da hospedagem. É por isso que lençóis, toalhas, cobertores e colchas devem estar sempre limpos, sem manchas, sem danos nos tecidos. E, claro, cheirosos e bem passados.

A título de curiosidade, até bem pouco tempo, a instalação de uma lavanderia obrigava a realização de obras muito caras nos hotéis. Um dos maiores problemas era o peso dos equipamentos em relação à carga máxima permitida nos pisos. Hoje existem máquinas mais modernas, eficientes e com dimensões menores. Um especialista pode instalá-las com facilidade, e o hotel só precisa atender às normas de segurança, certificar-se de que o fluxo de água e energia é suficiente, e ter um local claro e com ventilação natural para secar as roupas.

Em geral, quem trabalha na lavanderia são as lavadeiras (ou os operadores de máquinas) e as passadeiras, mas a camareira pode realizar essa função, caso tenha sido treinada e sua descrição de funções inclua a tarefa.

Nos hotéis de médio porte, costuma existir a função de auxiliar de lavanderia, que é subordinada à governanta e tem a responsabilidade de controlar o estoque do enxoval (peças de cama, banho, mesa, uniformes da governança e do restaurante) e os demais serviços relacionados com a lavanderia. Mas em hotéis de pequeno porte essas atribuições são mesmo das camareiras.

É verdade que muitos meios de hospedagem terceirizam a lavanderia, ou seja, contratam uma empresa para realizar o serviço (lavar e passar). Nesse caso, há duas situações: ou o enxoval é de propriedade do hotel, ou é alugado da lavanderia (ou "locado"). Esse esquema de trabalho facilita o controle do hotel, pois a responsabilidade maior passa a ser da empresa terceirizada, salvo situações previstas em contrato, como, por exemplo, manchas causadas pelos hóspedes serem prejuízo para o hotel. Os problemas mais comuns da terceirização são a manutenção da boa qualidade dos serviços prestados e a reposição do enxoval.

Pode ser que a camareira fique responsável pela contagem, avaliação e controle das peças que entram e saem da rouparia. A profissional precisa estar muito atenta aos prazos de entrega do enxoval lavado e passado pelas empresas terceirizadas, para que nada comprometa as trocas das roupas de cama e banho nas UHs.

Entrada e saída do enxoval

| Quando não há funcionário específico para trabalhar na lavanderia, a camareira é responsável pelo recolhimento, envio e recebimento do enxoval. Ela cumpre, então, os procedimentos que são comuns nos meios de hospedagem.

Veja quais são:

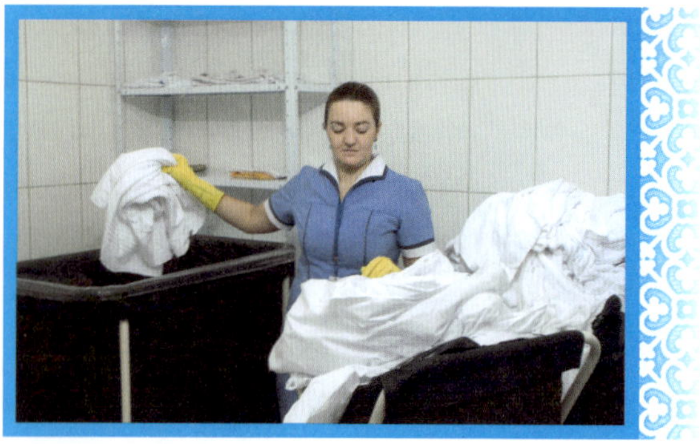

Roupas sujas

- Recolher o enxoval sujo da UH. Receber as roupas sujas do restaurante, roupas estas que podem ser encaminhadas diretamente para a rouparia/lavanderia.

- Transportar as roupas dos andares para o depósito ou lavanderia.

- Separar, contar e registrar as roupas sujas em formulário específico e encaminhá-las para a lavanderia própria ou terceirizada.

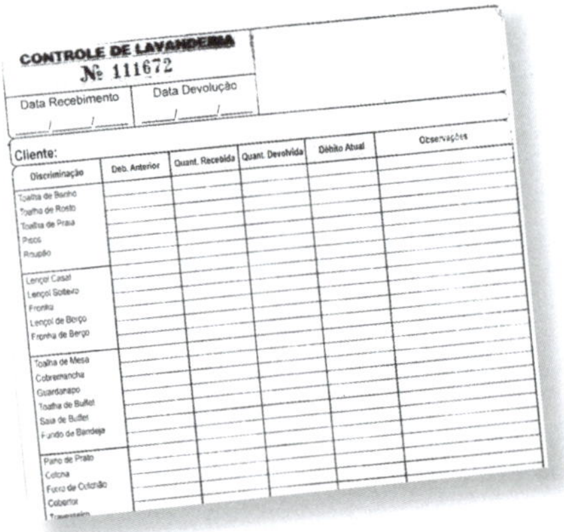

CONTROLE DE LAVANDERIA
Nº 111672

Data Recebimento ___/___/___ Data Devolução ___/___/___

Cliente:

Discriminação	Deb. Anterior	Quant. Recebida	Quant. Devolvida	Débito Atual	Observações
Toalha de Banho					
Toalha de Rosto					
Toalha de Praia					
Pisos					
Roupão					
Lençol Casal					
Lençol Solteiro					
Fronha					
Lençol de Berço					
Fronha de Berço					
Toalha de Mesa					
Cobremancha					
Guardanapo					
Toalha de Buffet					
Saia de Buffet					
Fundo de Bandeja					
Pano de Prato					
Colcha					
Forro de Colchão					
Cobertor					

Controle de lavanderia terceirizada (roupas do hotel)

Roupas limpas

- Receber as roupas limpas e conferir com o formulário, em geral é informatizado. Os dados são preenchidos diretamente no sistema.

- Guardar enxoval na rouparia principal.

- Levar as roupas limpas para a rouparia dos andares.

COLABORAÇÃO É A PALAVRA-CHAVE | Para que o controle de entrada e saída do enxoval seja cumprido com eficiência, alguns setores do hotel precisam informar as necessidades diárias de reposição das peças. Hoje, mesmo os menores hotéis dispõem de sistema que geram relatórios, mas conheça os formulários usados nos setores:

Governança | Envia às camareiras o mapa diário de ocupação para informar a quantidade de UHs ocupadas e o número de hóspedes. Também inspeciona o rol disposto nas UHs que relaciona as roupas dos hóspedes encaminhadas para a lavanderia.

Restaurante | Preenche um formulário com o número de mesas a serem ocupadas em função do fluxo de clientes.

Setor de eventos e convenções | Por meio de uma ordem de serviço, descreve o evento a ser realizado e os serviços que serão utilizados (almoço, jantar, *coffee break* e outros).

E se as roupas forem do hóspede?

Quando as roupas a serem lavadas e passadas são do hóspede, a camareira precisa retirá-las no momento da arrumação da UH ou quando o hóspede solicitar.

O formulário da lavanderia, que fica no quarto, deve ser preenchido pelo próprio hóspede. E, para evitar extravios, a camareira deve checar o pedido, identificar as roupas e assinalar o grau de sujeira de cada peça. Depois, basta encaminhar o serviço para a lavanderia própria ou terceirizada (lavagem a seco é sempre terceirizada).

A identificação das peças é muito importante, pois nem sempre é a mesma camareira que recolhe e entrega o serviço de lavanderia. Até mesmo um mensageiro é usado para este serviço, mas somente se o hóspede estiver na UH.

Quando as roupas voltam limpas e passadas (geralmente embaladas em plástico e penduradas em cabides), a camareira deve conferir as peças com o auxílio do formulário e, só então, entregá-las. Se o hóspede não estiver no apartamento, as roupas devem ficar penduradas em lugar visível, fora do armário.

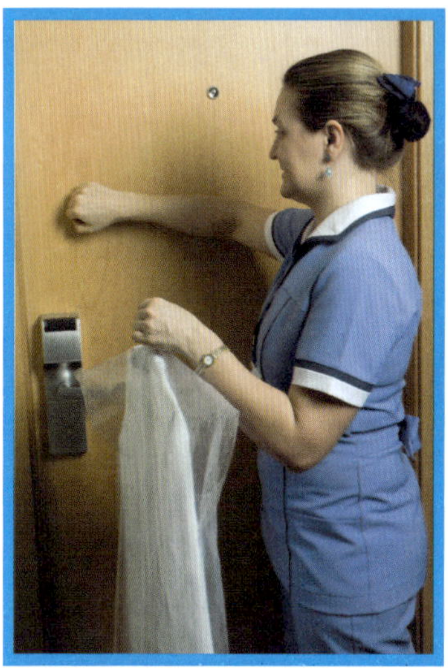

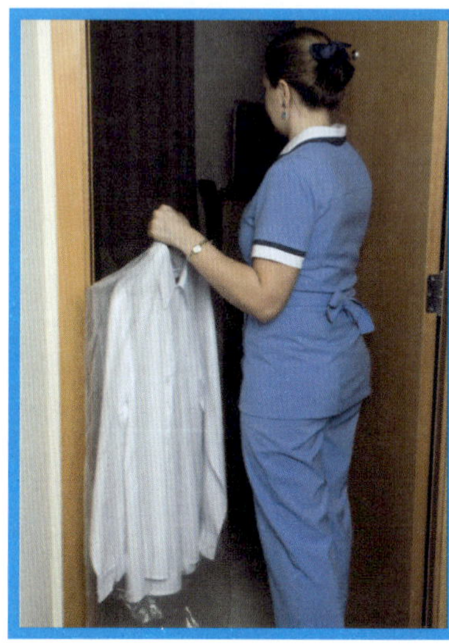

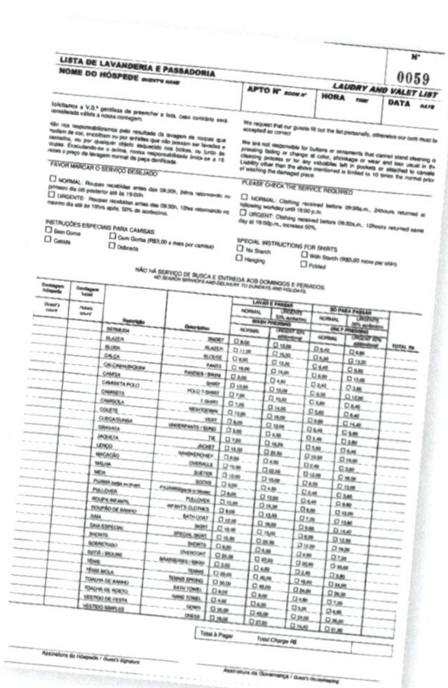

LISTA DE LAVANDERIA E PASSADORIA

NOME DO HÓSPEDE

Nº 0059

LAUNDRY AND VALET LIST

APTO Nº | HORA | DATA

Controle de lavanderia e passadoria (roupas de hóspedes)

Áreas comuns

Frequentada por todos os hóspedes, as áreas comuns são sempre muito movimentadas e precisam de limpeza e arrumação constantes. Tanto recepção, quanto *hall*, portaria, elevadores, corredores e áreas de lazer requerem os cuidados das camareiras, a menos que o hotel tenha faxineiros e/ou pessoal dos serviços gerais para as tarefas.

RECEPÇÃO

HALL

Estes ambientes devem ser limpos e arrumados em horário de pouco fluxo de hóspedes e sempre sob a supervisão do recepcionista. Os horários de *check-in* e *check-out* são os mais movimentados, por isso devem ser evitados.

ELEVADORES

A camareira precisa ser ágil ao limpar elevadores. Para evitar transtornos na entrada e saída dos hóspedes, um dos elevadores pode ser bloqueado. No caso de haver apenas um, a recepção deve indicar qual o horário mais adequado para o serviço. Os produtos de limpeza devem ter odor leve.

CORREDORES

O movimento dos hóspedes exige que a limpeza dos corredores seja feita com muita atenção. Material de limpeza e fios elétricos no meio do caminho podem causar acidentes, por isso é importante que a camareira organize a área de trabalho, deixando espaço livre para a passagem das pessoas. Isso significa limpar os corredores metade de cada vez, no sentido do comprimento. Para evitar escorregões ou quedas, o piso molhado ou úmido deve ser sempre sinalizado com as placas do hotel.

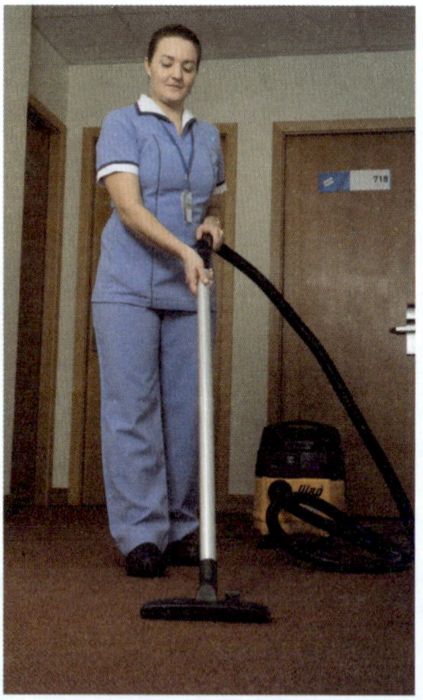

ÁREA DE LAZER
(BAR, RESTAURANTE, PISCINA, SALA DE GINÁSTICA, INTERNET)

Na maioria dos hotéis, as áreas de lazer são limpas e arrumadas por faxineiros ou pessoal dos serviços gerais. Se a camareira for destacada para trabalhar em alguma delas, isso não pode comprometer o fluxo de trabalho nas UHs. Mas a governanta sabe disso.

ADMINISTRAÇÃO

A limpeza e a arrumação devem ser feitas pela equipe de governança antes do início do turno da manhã (bem cedo), ou no período da tarde (em horário de pouco fluxo de pessoas). Se for usar material que emita som, como um aspirador, a camareira deve verificar se não há fluxo de hóspedes por perto. A atenção deve ser redobrada com os itens dispostos sobre mesas ou dentro de armários (papéis, documentos etc.), para que sejam recolocados no mesmo lugar em que estavam. Outra regra importante é nunca jogar papéis no lixo sem que seja autorizado, nem utilizar produtos de limpeza que possam criar algum desconforto aos colegas de trabalho.

EXERCÍCIOS

1. Qual é sua principal função como camareira dentro do hotel? Qual é a razão de seu trabalho?

2. Para o hóspede, não existe melhor forma de avaliar os serviços de hotelaria do que observar a apresentação do enxoval. Cite três cuidados que você deve ter ao recolher e ao colocar o enxoval nas UHs.

3. Caça-palavras: procure no quadro as palavras que respondem às seguintes definições:

A Ambiente com cama e sem banheiro.

B Quarto com banheiro privativo.

C Quarto, banheiro e complemento.

D Aposento com uma porta de comunicação entre os diferentes cômodos e ambientes.

E UH ocupada por apenas uma pessoa.

F UH com duas camas de solteiro ou uma de casal, ocupada por duas pessoas.

G UH que tem dois leitos iguais – sejam dois de solteiro ou dois de casal.

A	S	J	D	I	U	W	A	D	N	C	J	D	J	N	P	Y	K	M	S
C	D	K	N	X	C	J	P	K	L	J	S	A	N	D	O	L	B	V	U
D	O	U	B	L	E	X	A	N	K	A	S	D	X	R	A	P	R	Ç	I
C	K	N	M	E	C	M	R	K	A	D	T	U	H	N	T	D	I	J	T
C	M	S	A	X	C	R	T	D	C	H	R	U	D	N	O	R	Q	H	E
K	D	A	L	D	K	M	A	Q	U	A	R	T	O	M	L	F	D	V	P
X	K	I	S	D	H	Q	M	U	H	J	N	B	H	A	K	S	W	B	X
C	J	N	S	C	A	L	E	Q	I	W	S	D	H	Ã	E	I	Ç	U	S
O	S	J	Q	T	C	O	N	J	U	G	A	D	O	X	M	N	G	L	A
A	D	O	Q	K	R	D	T	J	A	S	I	F	J	W	P	G	Y	I	D
I	S	D	Q	W	I	I	O	A	S	J	S	I	U	W	O	L	E	M	S
C	M	S	A	X	T	W	I	N	C	H	R	U	D	N	F	E	C	O	Q

4. Identifique estas áreas comuns do hotel e escreva quais cuidados você deve ter em cada uma delas durante o desempenho das suas tarefas.

____
____
____
____
____
____

____
____
____
____
____
____

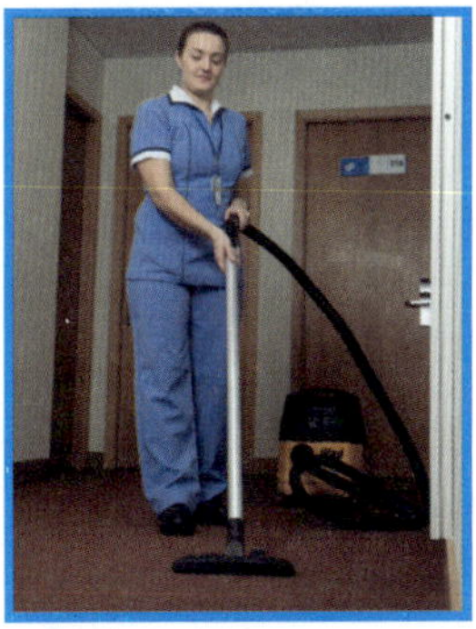

____
____
____
____
____
____

____
____
____
____
____
____

____
____
____
____
____
____

Electrolux

Onde está a camareira?

Deixando tudo limpo, tudo em ordem

Boa camareira é aquela que trabalha para que o hóspede se sinta bem durante a estadia no hotel. Para que o serviço de governança funcione como a harmonia de uma orquestra, a liderança da governanta é fundamental, assim como a organização das supervisoras e o comprometimento profissional dos que trabalham nos andares, ou seja, supervisoras de andares, camareiras e faxineiras.

A base do serviço da camareira está no conhecimento das técnicas de limpeza e no emprego do material adequado em cada tarefa. Mas antes de tratarmos disso, leia o boxe que traz bons conselhos para as principais dúvidas da menina dos olhos da governança.

Bons conselhos em boa hora

Como posso organizar meu trabalho?

- Chegue um pouco antes ao local de trabalho para fazer sua higiene pessoal e se uniformizar com tranquilidade e sem atrasos.
- Leia e assine o livro de ocorrências que fica na rouparia com a governanta para checar se há algum bilhete para você ou algum problema para ser resolvido. A governanta ou sua superior imediata vai lhe orientar caso haja alguma alteração na sua rotina de trabalho.
- Leia o relatório de ocupação atualizado e veja a lista de UHs que devem ser limpas e arrumadas. Verifique se existe recomendação para alguma UH ou solicitação especial da governanta. Faça a previsão de quanto tempo vai precisar para realizar as tarefas.
- Calcule a quantidade de produtos de limpeza, rouparia e material para reposição que as atividades vão consumir ao arrumar o carrinho de serviço.

Como consigo fazer o serviço com mais rapidez?

- Siga uma ordem lógica no desenvolvimento das tarefas. Mais adiante, este capítulo mostrará os roteiros de limpeza.
- Use a técnica correta para realizar cada tarefa.
- Veja se os eletrônicos da UH estão em bom estado. Se necessário, preencha o formulário de reparos e informe à sua superior a ocorrência, para que o item esteja funcionando quando o hóspede ocupar a UH.
- Deixe todo material de limpeza o mais próximo possível do ambiente a ser limpo.

Será que consigo me cansar menos?

- Utilize os equipamentos e utensílios disponíveis (carrinho, cesta, aspirador de pó, feiticeira etc.).
- Arrume todo o material e os produtos de limpeza no carrinho. Guarde

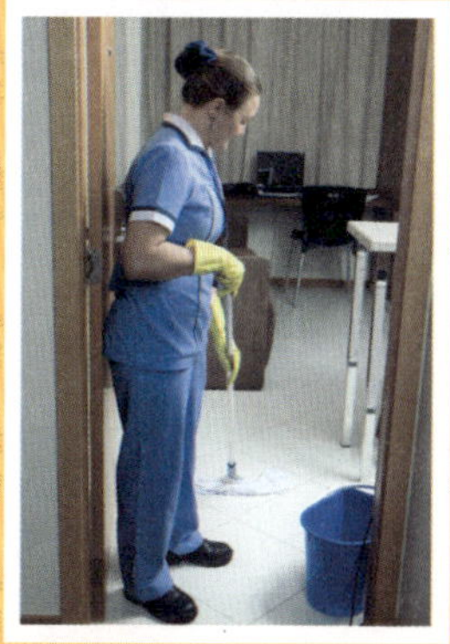

os objetos que mais usa na altura das mãos - abaixar-se a toda hora pode provocar dores nas costas.

- Evite sujar o que acabou de limpar. O melhor sentido da limpeza é de cima para baixo e de dentro para fora.
- Mantenha a postura do corpo ereta.

Como evitar acidentes?

- Nunca deixe baldes, vassouras ou qualquer outro objeto no meio do caminho.
- Limpe e encere corredores metade de cada vez, no sentido do comprimento, para que o fluxo de pessoas não seja totalmente interrompido. Coloque sempre as placas de sinalização do hotel.
- No caso de limpeza do piso com água (ou mesmo com pano úmido), coloque no local a placa de sinalização (piso molhado). Nas áreas sociais, o serviço deve ser feito em horário de pouco trânsito de hóspedes. As grandes faxinas são realizadas na baixa temporada ou de madrugada.
- Aparelhos elétricos devem ser ligados em tomadas que fiquem do mesmo lado que está sendo limpo, para evitar que o fio cruze a passagem.
- Nunca deixe fios elétricos desenrolados para não levar choques e evitar tropeços. Isso só é permitido enquanto a limpeza está sendo realizada, e mesmo assim com a devida sinalização, para evitar quedas.
- O carrinho da camareira é o único equipamento que deve ficar diante da porta da UH, indicando a limpeza do aposento, e a porta deve ficar aberta. Qualquer outro objeto (baldes, pequenas escadas etc.) não pode ficar no meio do caminho.

- Nunca apoie a escada em vidros ou espelhos.
- Nunca coloque garrafas, baldes cheios e objetos cortantes sobre os degraus de uma escada.
- Nunca desça escadas pouco iluminadas do hotel carregando peso.
- Nunca ligue e nem desligue aparelhos elétricos com a mão molhada.

Limpeza e arrumação da UH

Para começar o dia de trabalho, a camareira lê e assina o livro de ocorrências e depois recebe o relatório de ocupação das UHs atualizado pela governanta, que filtra o relatório fornecido pela recepção para manter as informações que realmente interessam à camareira (o relatório de ocupação simplificado só apresenta o status das UHs - ver formulário abaixo).

Room Status da Governança

Uh	Descrição	Status Uh	Status Governança	Observação
101	SUMF	VAGO	SUJO	
102	SUMF	OCUPADO	SUJO	
103	LXCF	VAGO	LIMPO	
104	LXCF	OCUPADO	SUJO	
105	LXCF	OCUPADO	SUJO	
106	LXCF	OCUPADO	LIMPO	
107	EXCF	OCUPADO	SUJO	
108	LXCF	OCUPADO	SUJO	
109	LXCF	OCUPADO	SUJO	
110	LXDF	OCUPADO	SUJO	
111	LXDF	OCUPADO	SUJO	
112	EXCD	OCUPADO	LIMPO	
113	EXCF	OCUPADO	LIMPO	
114	LXDF	OCUPADO	SUJO	
115	LXDF	OCUPADO	LIMPO	
116	LXDF	VAGO	SUJO	
117	LXDF	VAGO	LIMPO	
118	SUMF	VAGO	LIMPO	
119	SUMF	VAGO	LIMPO	
201	SUMN	OCUPADO	SUJO	
202	SUMN	BLOQUEADO	LIMPO	
203	LXDN	OCUPADO	LIMPO	
204	LXDN	BLOQUEADO	SUJO	
205	LXDN	OCUPADO	SUJO	
206	LXDN	OCUPADO	SUJO	
207	EXCN	OCUPADO	SUJO	
208	LXDN	OCUPADO	LIMPO	
209	LXDN	OCUPADO	SUJO	
210	LXDN	OCUPADO	SUJO	
211	LXDN	OCUPADO	SUJO	
212	EXCN	OCUPADO	LIMPO	
213	EXCN	OCUPADO	LIMPO	
214	LXDN	OCUPADO	SUJO	
215	LXDN	OCUPADO	LIMPO	
216	LXDN	VAGO	LIMPO	

FrontOffice - 4.37.00z / (1343-1)* Página 1 de 4 28/05/2009 15:38:

É bom repetir que a recepção informa como está a ocupação do hotel ou a vistoria imprime um relatório do sistema informatizado, logo pela manhã.

Ao final da limpeza e arrumação das UHs, a camareira refaz o relatório de *status* das UHs para mantê-lo atualizado e o entrega para a governanta. Esse relatório é revisado pela governanta ou supervisora de andar durante a vistoria. Depois, a governanta é responsável por passar as informações atuais no sistema informatizado, a fim de que todos tenham acesso a elas, especialmente a recepção.

Cada hotel determina seus próprios códigos para melhorar a comunicação entre os funcionários da governança. Vamos dar aqui exemplos com algumas siglas comumente usadas no relatório de ocupação.

OCD | Ocupado, e deve estar anotado o número de leitos utilizados.

BAG | Ocupado sem bagagem. A equipe da governança deve ficar atenta a este hóspede. Ele pode estar mal-intencionado.

DOR | Dormido, e deve estar anotado o número de camas utilizadas. Esta sigla é geralmente usada quando a camareira encontra a UH dormida, mas já foi feito o *check-out*.

NDOR | Ocupado, mas não dormido. A equipe da governança deve ficar atenta a esta situação, caso a UH permaneça assim por muitos dias. Convém verificar no sistema até quando a reserva está registrada.

VAGO ou LIVRE | Sem hóspede, liberado para ocupação.

IMPED ou MANUT | Impedido, em obras ou manutenção.

BLOQ | Bloqueado pela gerência ou departamento comercial para manutenção, faxina quinzenal, ou razão especial.

Se a UH está desocupada, a camareira pode começar o trabalho. Apresentamos aqui dez roteiros para que as tarefas de limpeza e arrumação das UHs sejam realizadas numa ordem lógica, no menor tempo possível e com as técnicas e equipamentos adequados.

É importante lembrar que as orientações dadas aqui são gerais: a camareira precisa adaptá-las aos procedimentos estabelecidos pelo hotel em que estiver trabalhando, especialmente no que se refere aos produtos de limpeza e a alguns detalhes da arrumação.

QUE SITUAÇÃO! | No seu dia a dia, você poderá passar por situações embaraçosas com os hóspedes, mesmo que tenha seguido à risca os códigos do relatório de ocupações. Veja algumas formas de se sair bem delas.

SITUAÇÃO 1 | A UH está ocupada e você vê na porta o aviso "Não perturbe, por favor". Respeite o aviso e volte para arrumar o quarto mais tarde. Se notar que o aviso continua pendurado até as 15h (horário próximo do término do turno da manhã), avise a governanta. Somente a chefia pode autorizar a entrada na UH. No caso de alguma situação anormal, ela tomará as providências imediatamente.

SITUAÇÃO 2 | A UH está ocupada, mas não há nenhum aviso na porta. Como não há barulho, você acha que o hóspede não está na UH, mas ele está. Antes de entrar, bata na porta com delicadeza com os dedos (mas de modo que possa ser ouvida). Nunca use instrumentos como chave, cartão, ou barulhos para avisar a sua chegada. Toque a campainha, se houver. Caso ninguém responda, abra a porta devagar, anunciando-se: "Camareira!". Se o apartamento estiver vazio, comece o seu trabalho. Se o hóspede estiver dormindo, retire-se silenciosamente. Se estiver acordado, peça desculpas e retire-se. Se estiver em trajes íntimos ou em qualquer outra situação constrangedora, peça desculpas e retire-se fazendo de conta que não viu nada e não comente o fato com os colegas de trabalho. Caso o hóspede fique irritado com a situação, convém a governança providenciar um agrado ao cliente, como: um brinde do hotel, um quarto melhor, um desconto na hospedagem, frutas, chocolates, vinho etc. para reforçar as desculpas.

SITUAÇÃO 3 | A UH está ocupada, o hóspede não está e na porta você vê o aviso "Favor arrumar este quarto". Entre tranquilamente e faça seu trabalho. Deixe o carrinho na porta para bloquear a entrada de estranhos durante a limpeza. Se o hóspede chegar, peça gentilmente que ele se identifique e confira o nome em seu relatório de ocupações. Pergunte se ele quer que você termine o serviço mais tarde. Caso o hóspede permita a continuidade do trabalho, comunique a ocorrência à sua chefia, para que ela envie outra camareira e o serviço seja completado em dupla. Isso evita qualquer situação de constrangimento ou possível assédio por uma das partes.

SITUAÇÃO 4 | A UH está ocupada, o hóspede não está e, ao entrar, você percebe que a cama não foi desarrumada. Se de um dia para o outro a cama não estiver desarrumada numa UH ocupada, procure outros sinais da presença (ou ausência) do hóspede, como bagagem e roupas. O fato deve ser comunicado à governanta, que avisará à gerência. Essas informações podem ser importantes no caso de o hóspede ter passado por algum incidente. Depois do registro da ocorrência, o serviço na UH deve ser feito normalmente pela camareira.

SITUAÇÃO 5 | A UH não está ocupada, mas não está liberada. A UH deve ser vistoriada antes de ser liberada para nova ocupação. Ela pode ter sido apenas visitada ou estar com alguma pendência de manutenção. O fato deve ser comunicado à governanta ou à supervisora de andar.

No carrinho de serviço da camareira tem...

1

O carrinho deve estar limpo. Se não foi higienizado no turno anterior ao seu, é preciso fazer uma boa limpeza nele antes de começar a organização do material de trabalho.

2

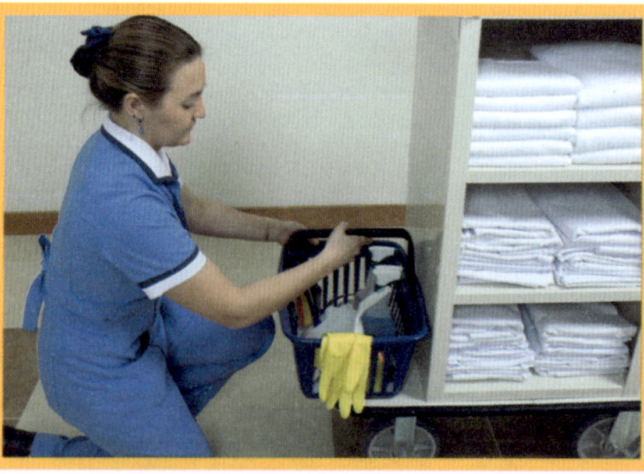

Posicione os produtos de limpeza e utensílios nos respectivos espaços. Às vezes, um cesto à parte é encaixado no carrinho para facilitar a arrumação. Alguns utensílios muitas vezes são levados separadamente.

3

Se o aspirador for grande, terá rodas, e então será fácil transportá-lo separadamente.

4

Organize o material de reposição das UHs: enxoval, amenidades e folheteria. O enxoval fica nas prateleiras e as amenidades e a folheteria ficam em local específico, ordenadas para facilitar a visualização.

5

Acondicione os produtos de reposição do frigobar ou no carrinho ou numa cesta à parte. Verifique a higienização de cada produto.

6

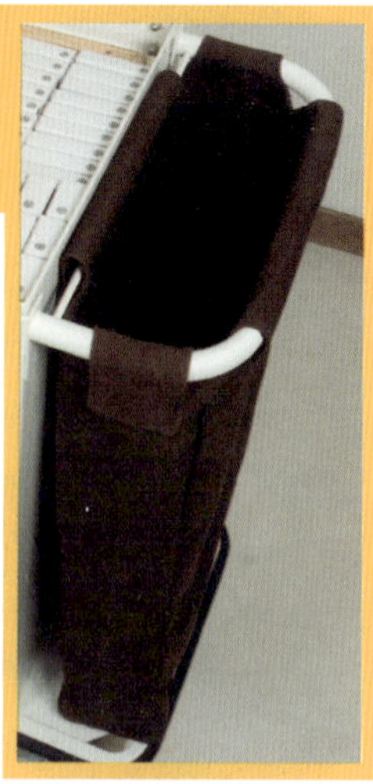

Os sacos para recolher roupas sujas podem ser de lona ou de plástico resistente. Os sacos de lona devem ser lavados após o uso; portanto, no início da jornada devem estar limpos para serem encaixados no carrinho. Os sacos plásticos devem ser descartados.

7

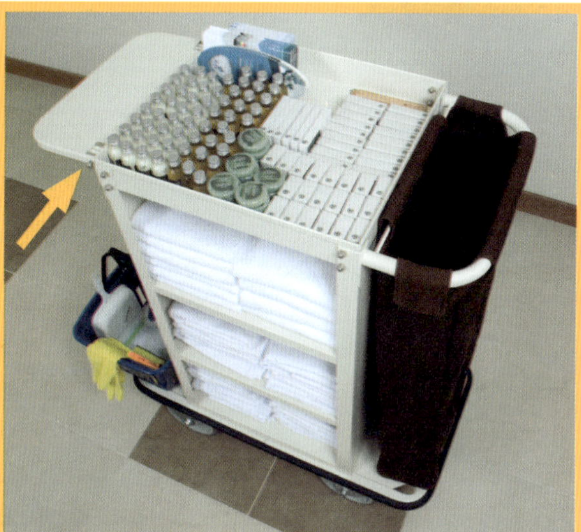

Os sacos de lixo ficam acondicionados em uma das laterais do carrinho, dependendo do modelo. Não deixe o lixo exceder a capacidade de armazenamento do saco.

8

Pegue o molho de chaves, a chave mestra ou o cartão eletrônico mestre para abrir as UHs.

9

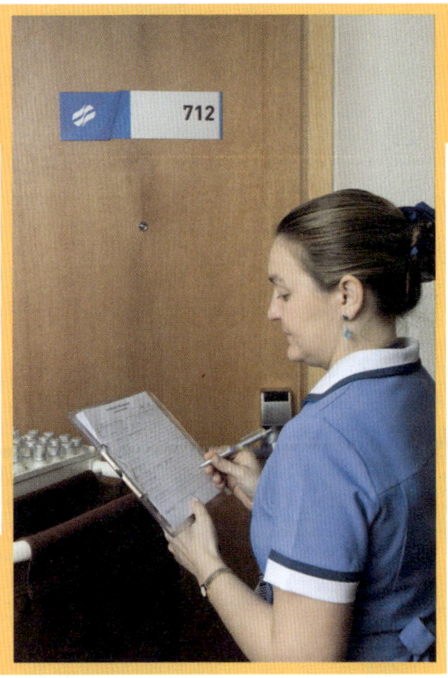

Estacione o carrinho organizado na porta da UH e mãos à obra!

ATENÇÃO

O molho de chaves, a chave mestra ou o cartão eletrônico são de responsabilidade da camareira, que o recebe no início do turno de trabalho e o devolve no final da jornada. Cada hotel adota um sistema, mas as opções mais comuns são: 1) Guardar as chaves no bolso do avental, da saia ou da calça; 2) Usar uma pochete presa à cintura na qual se possa colocar a chave mestra ou o cartão eletrônico, o telefone de comunicação e alguns pertences pessoais; 3) Pendurar o cartão eletrônico mestre no pescoço, como um crachá, ou preso à cintura com um clipe especial.

Para a gerência do hotel, o cartão eletrônico tem vantagens, pois serve como bloqueador de energia elétrica (uma medida de economia) e registra o tempo de permanência da camareira em cada UH, ou seja, é também uma maneira de avaliar a eficiência dos serviços da governança.

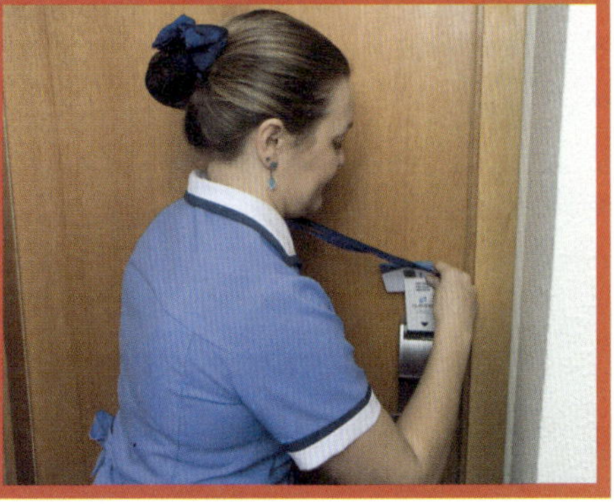

Ao entrar na UH

1

Acenda todas as luzes da UH. Verifique se há alguma lâmpada queimada ou com defeito. Nos hotéis mais modernos, toda energia elétrica do quarto liga e desliga automaticamente com o uso do cartão eletrônico – o mesmo que abre a porta do apartamento.

2

Teste o ar-condicionado. Ligue e teste a televisão, o rádio e os demais aparelhos eletrônicos, verificando a regulagem e sintonia dos canais. Se necessário, teste novas pilhas nos controles remotos.

3

Se perceber a necessidade de qualquer reparo, manutenção ou reposição na UH, preencha o formulário específico para registrar a ocorrência. Se for um problema de fácil resolução, ligue imediatamente para o setor responsável, mas também relate o fato, por escrito, em formulário. Veja um modelo de aviso de reparo.

Modelo tradicional de formulário

<table>
<tr><td colspan="2">Hotel</td><td colspan="2">Aviso de Reparos</td></tr>
<tr><td colspan="2">Do:..
(depto de origem)</td><td colspan="2">Ao: ....
(depto de destino)</td></tr>
<tr><td>Data: ...../...../.....</td><td colspan="2">Ass. Remetente</td><td>Ass. Destinatário</td></tr>
<tr><td colspan="4">Tipo de Estrago: ....
....
....
....</td></tr>
<tr><td colspan="4">Local: ....</td></tr>
</table>

4

Desligue as luzes, o ar-condicionado e os aparelhos eletrônicos. Para economizar energia elétrica, recomenda-se abrir todas as janelas e trabalhar com a luz natural. Só use a luz artificial quando for necessário.

Hora de ventilar o ambiente

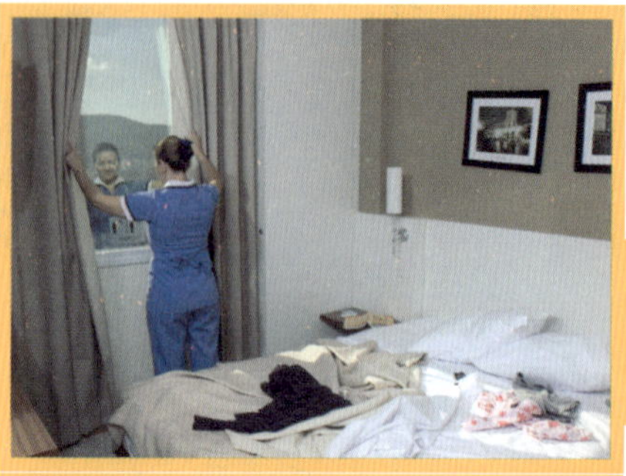

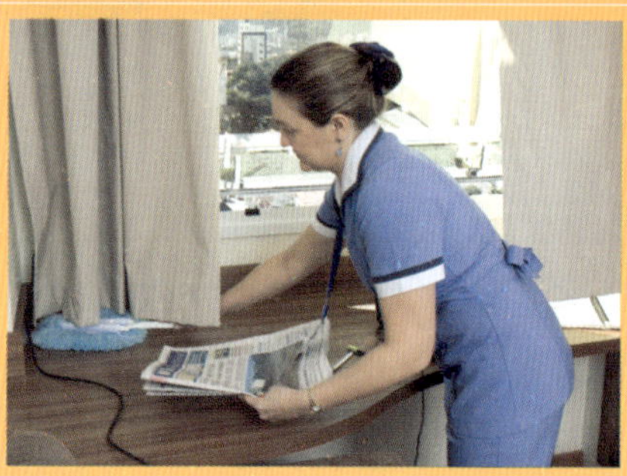

1

Abra todas as janelas: do quarto, do banheiro e dos demais ambientes, quando houver. Esse procedimento protege a sua saúde e a dos hóspedes, pois faz entrar luz e ar puro nos cômodos, além de dispersar eventual cheiro forte de produtos de limpeza.

2

Em caso de chuva, feche as janelas para não molhar os ambientes.

3

Muitos hotéis, especialmente os mais novos ou os situados em grandes centros urbanos, são construídos de modo que não permita a abertura das janelas. Com o tempo, será inevitável que os ambientes fiquem com certo odor impregnado por falta de ventilação e luz natural. Este problema está fora do alcance das camareiras.

Abrindo espaço

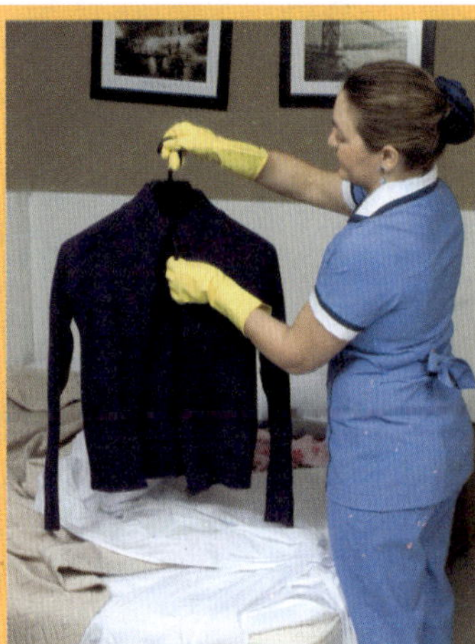

1

Apanhe as roupas que encontrar sobre camas, poltronas, cadeiras ou móveis e dobre-as e/ou pendure-as dentro do armário. Há hotéis em que a camareira apenas dobra as roupas que estão espalhadas pela UH e as deixa sobre as poltronas ou sofás. Isso depende muito das normas de cada hotel e se há alguma observação da governanta de que o hóspede solicitou algum serviço diferente, como a organização da bagagem.

2

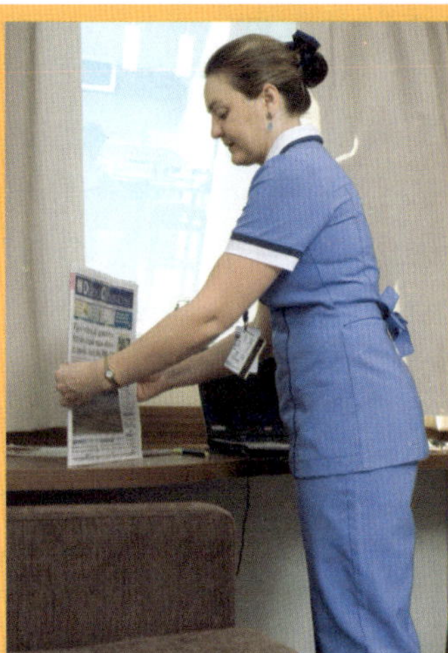

Arrume a correspondência, jornais, revistas e outros papéis sobre a mesa ou sobre outro móvel, deixando-os o mais próximo possível de onde estavam. Nunca jogue nada no lixo, mesmo papéis que pareçam descartáveis (jornal do dia, papel amassado etc.), pois eles podem ser importantes para o hóspede.

3

Toda louça que não pertence à UH deve ser retirada pelo setor de alimentos e bebidas. Aguarde a rotina de recolhimento ou comunique ao setor pelo ramal. Abra espaço para depois limpar a cozinha.

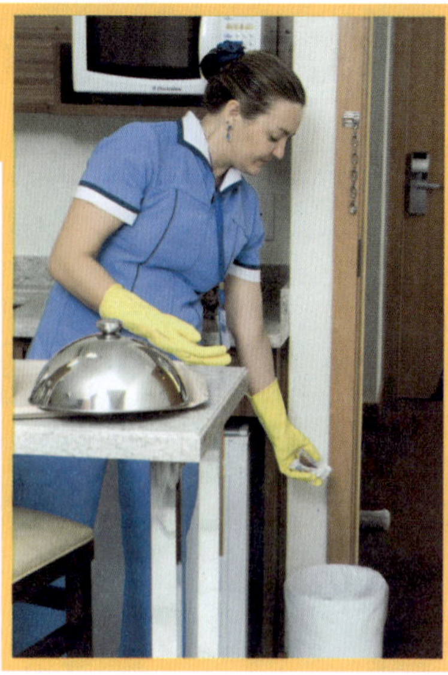

4

Esvazie os copos usados e espalhados pela UH. Derrame seu conteúdo no vaso sanitário e acione a descarga. Mas atenção: copos nunca devem ser lavados na pia do banheiro, pois este é um ambiente em que os micro-organismos se multiplicam. Os copos devem vir do setor de alimentos e bebidas já higienizados, para que a camareira apenas os reponha na UH. As louças podem ser lavadas na pia da cozinha, quando fizerem parte do mobiliário da UH.

5

Se houver cinzeiros, limpe-os com muita atenção. Apague as pontas de cigarros e charutos eventualmente acesas – e nunca as jogue no vaso sanitário. Os cinzeiros devem ser lavados na pia do banheiro, preferencialmente.

Troca do enxoval

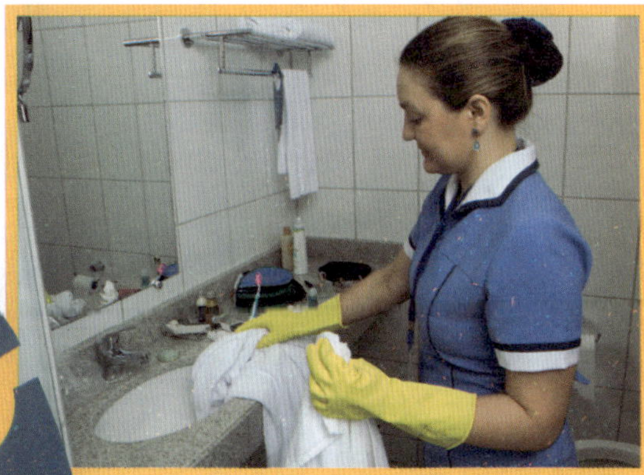

1

Recolha as roupas de banho sujas. Os hotéis trocam o enxoval de banho todos os dias, mas a maioria adota procedimentos para economizar água e energia elétrica, com vistas à preservação do meio ambiente, ou seja: só trocam as toalhas que estiverem no chão ou no local indicado pelo aviso da governança.

2

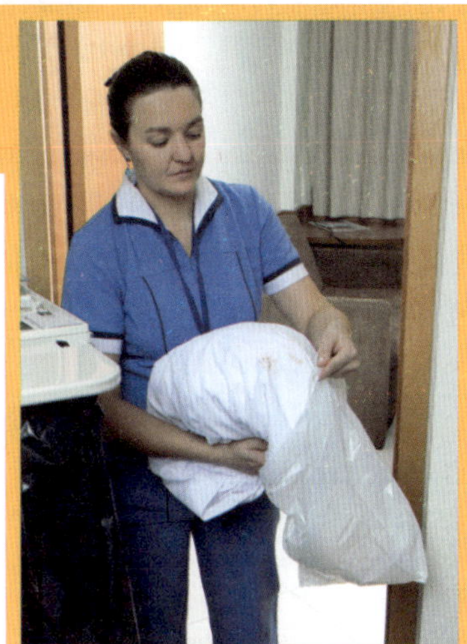

Coloque as roupas de banho sujas no saco próprio para isso localizado no carrinho de serviço. Se qualquer peça estiver manchada, coloque-a em separado num saco da lavanderia ou outro que proteja a peça e o local de depósito. Separe também as peças rasgadas em outro saco, lembrando de encaminhá-las para conserto ou descarte quando retornar à rouparia.

3

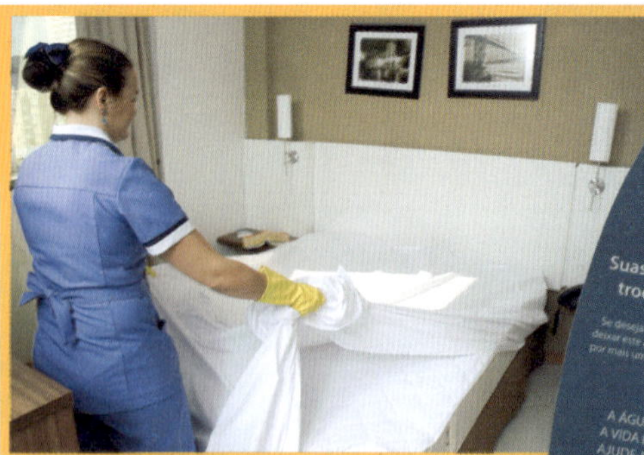

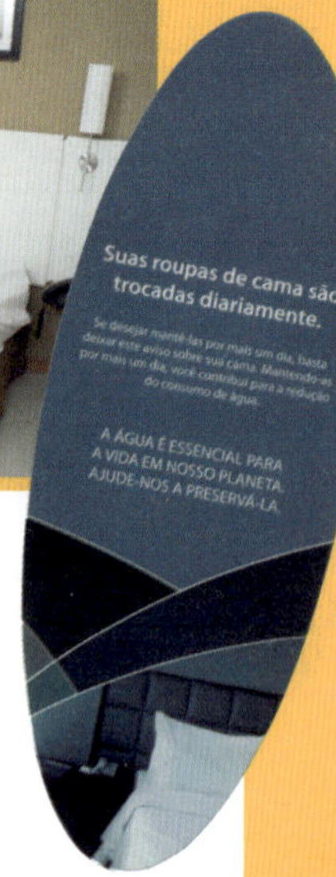

Retire as roupas de cama. Os hotéis trocam o enxoval de cama todos os dias, mas a maioria adota procedimentos para economizar água e energia elétrica, com vistas à preservação do meio ambiente, ou seja: só não trocam os lençóis quando o hóspede indica com o aviso da governança.

4

Para ter certeza de que nenhum objeto está preso nas roupas de cama, agite cada peça separadamente. Se encontrar algum pertence, coloque-o sobre a mesa de forma visível para o hóspede. Se o hóspede já saiu do hotel, o item deve ser registrado em formulário específico para o setor de achados e perdidos.

A governanta, ou a supervisora ou a camareira registra e identifica o item esquecido pelo hóspede em um formulário de Achados e Perdidos e o guarda na governança. Se for um objeto de primeira necessidade (óculos, aparelho ortodôntico, celular etc.), em geral ele é enviado ao hóspede com autorização da gerência. Se o hóspede é *habitué*, o hotel costuma entrar em contato e enviar o objeto.

Achados e Perdidos

UH	Data	Tipo	Etiqueta	Descrição	Local	Devolução
110	12/05/2009	ACHADO	2755	um cabide	apto	
603	11/05/2009	ACHADO	2753	cinta moduladora	apto	
707	10/05/2009	ACHADO	2743	chinelo havaiana verde e um creme p	apto	
710	12/05/2009	ACHADO	2754	cabide um carregador celular motorol	apto	

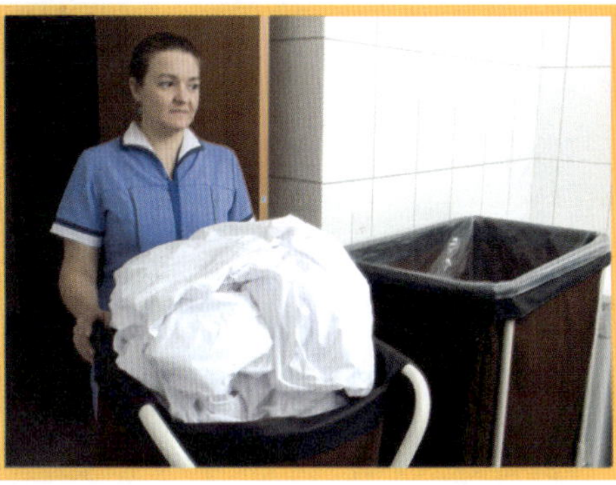

5

Coloque as roupas de cama sujas no saco específico do carrinho de limpeza. Roupas rasgadas ficam em outro saco, lembrando de encaminhá-las para conserto ou descarte quando retornar à rouparia. Peça manchada deve ficar em separado num saco da lavanderia ou em outro que proteja a peça. Se a camareira perceber que a peça está molhada e a mancha pode ser retirada a tempo, ela deve ser lavada imediatamente na rouparia do andar, para evitar que a mancha persista. Alguns hotéis têm um contêiner especial para o recolhimento de toda a roupa suja. Pode até usar um contêiner menor para colocar as peças na rouparia do andar e depois as encaminhar à lavanderia própria ou terceirizada. No horário da limpeza, um funcionário circula com o equipamento pelos corredores.

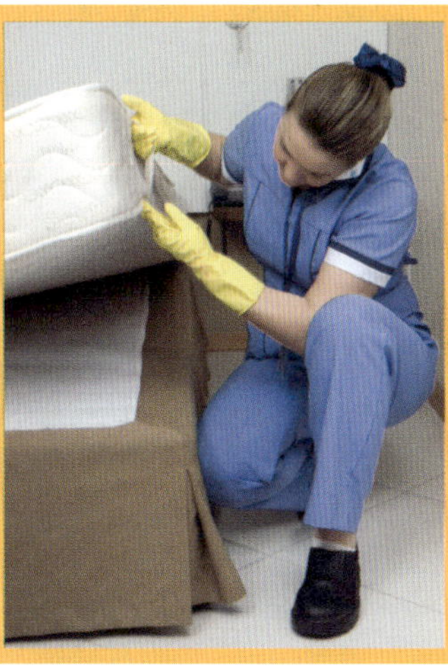

6

Verifique se há irregularidades no colchão, como manchas, queimado de cigarro, deformidades em sua estrutura e beiradas, sinais de umidade. Em casos mais graves, numa situação inesperada, em que o colchão não poderá ser usado mesmo fazendo a virada, comunique à equipe de manutenção, setor que tem pessoas para carregar volumes mais pesados.

Atenção ao frigobar

1

Verifique se a temperatura do frigobar está regulada e se a lâmpada interna está funcionando. Chame a equipe de manutenção se ocorrer um problema corriqueiro, como a necessidade de trocar a lâmpada. Quando o frigobar tiver que sair da UH para ser consertado pela empresa autorizada, é preciso preencher um formulário de solicitação de reparo.

2

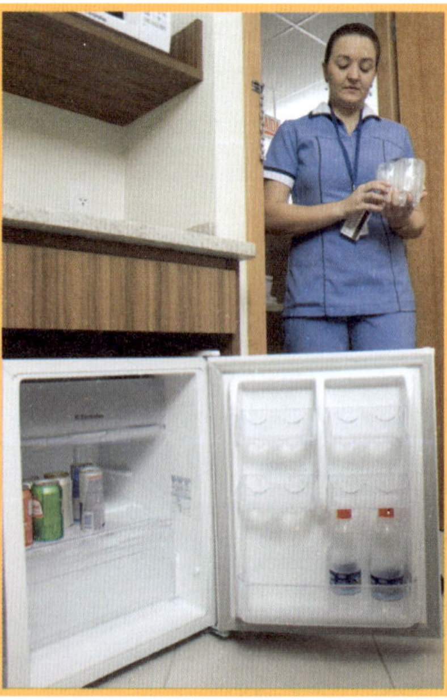

Esvazie o frigobar e limpe-o interna e externamente, quando estiver sujo. Use um pano úmido limpo, mas não use nenhum produto de limpeza, para não deixar a parte interna da geladeira perfumada. Os alimentos guardados na geladeira absorvem o cheiro e ficam impróprios para o consumo.

3

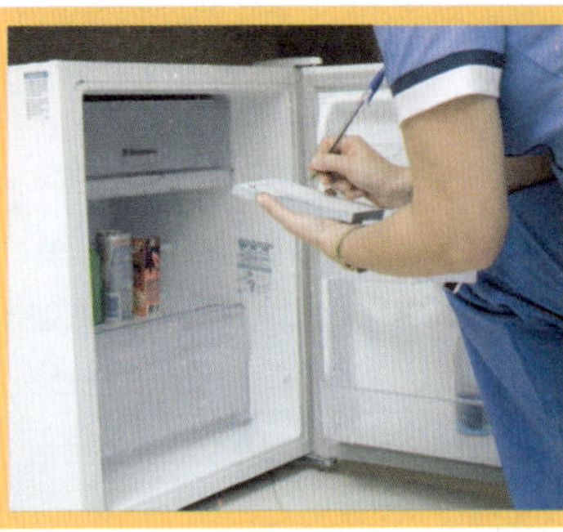

Verifique a necessidade de reposição de produtos e bebidas e complete o frigobar. Anote os itens repostos imediatamente em formulário específico para atualizar o controle de consumo da UH e a saída do almoxarifado. Normalmente uma via segue para a recepção do hotel, que anota o consumo do hóspede, o que facilita o fechamento da conta da UH - *check-out*.

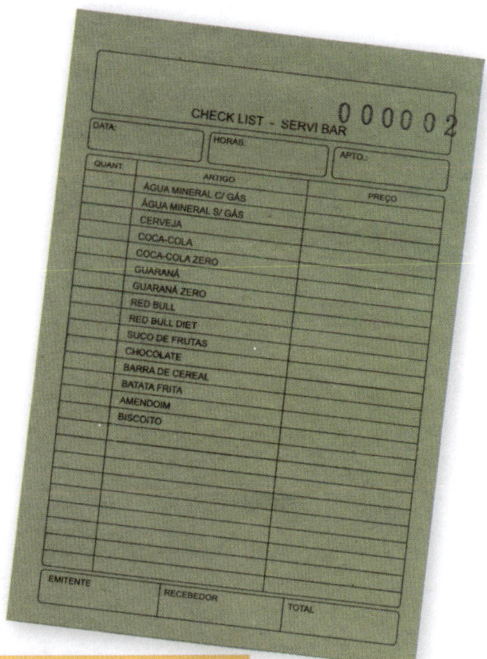

CHECK LIST - SERVI BAR 000002

DATA: | HORAS: | APTO.:

QUANT.	ARTIGO	PREÇO
	ÁGUA MINERAL C/ GÁS	
	ÁGUA MINERAL S/ GÁS	
	CERVEJA	
	COCA-COLA	
	COCA-COLA ZERO	
	GUARANÁ	
	GUARANÁ ZERO	
	RED BULL	
	RED BULL DIET	
	SUCO DE FRUTAS	
	CHOCOLATE	
	BARRA DE CEREAL	
	BATATA FRITA	
	AMENDOIM	
	BISCOITO	

EMITENTE | RECEBEDOR | TOTAL

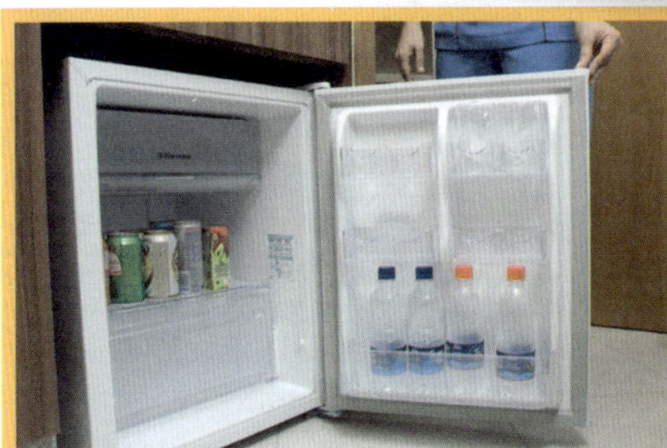

Nem sempre o carrinho de serviço tem espaço para os produtos de reposição do frigobar. Geralmente a rouparia do andar comporta itens suficientes para abastecer diariamente as UHs do andar (e os produtos podem ser carregados em cestas). Se precisar, volte até a rouparia geral ou à governança para pegar mais produtos e bebidas.

ATENÇÃO

Pode ser que a camareira precise se afastar do andar em que trabalha porque sua tarefa exige ou por motivo pessoal. O afastamento deve ser comunicado e autorizado pelo superior imediato. Em hotéis de grande porte, esta situação é resolvida com o uso do radiotransmissor, celular com ramal (muito usado hoje em dia) ou ramal do andar. Isso evita desencontros entre a camareira e a equipe. Ao se afastar, a camareira deve deixar o carrinho em local seguro, longe da vista de hóspedes e outros funcionários. O equipamento abastecido é de sua responsabilidade.

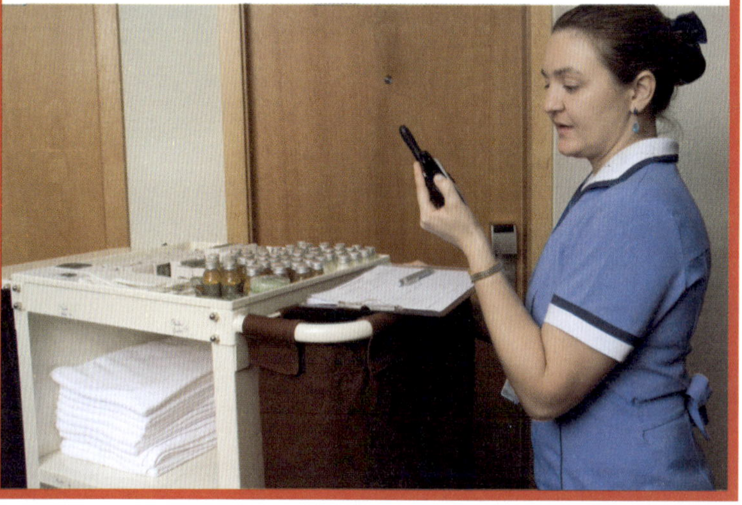

Cuidados com a UH

1

Limpeza se faz de cima para baixo e de dentro para fora da UH, obedecendo a uma sequência definida pelo hotel. O mais recomendado é começar pela varanda (quando houver), seguindo para o quarto, depois a sala e a cozinha (quando houver) e, por último, o banheiro, porque nele se manipulam produtos mais fortes e é a área mais sujeita à contaminação.

2

Comece pela varanda. Limpe o parapeito com pano úmido e produto específico. Depois, varra o chão e passe um pano úmido com produto multiuso.

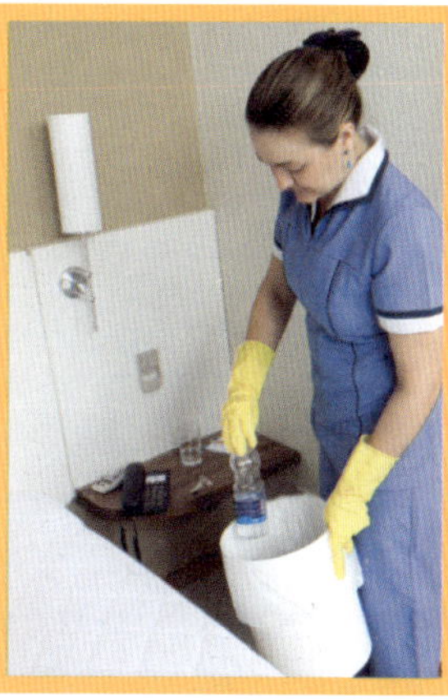

3

No quarto, primeiro jogue o lixo fora. Comece tirando o pó das portas, quadros, janelas e espelhos, cortinas ou persianas. Use o MOP seco ou úmido. Se necessário, use flanela também.

4

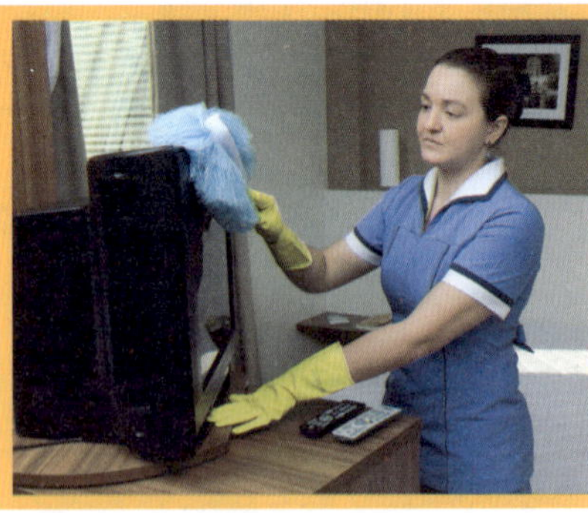

Retire o pó dos móveis (incluindo o armário) e dos acessórios como abajures, painel de controle, luminárias etc. Use um MOP e, se necessário, flanela também. O hotel deve ter procedimentos para a limpeza das diferentes superfícies e dos objetos decorativos.

5

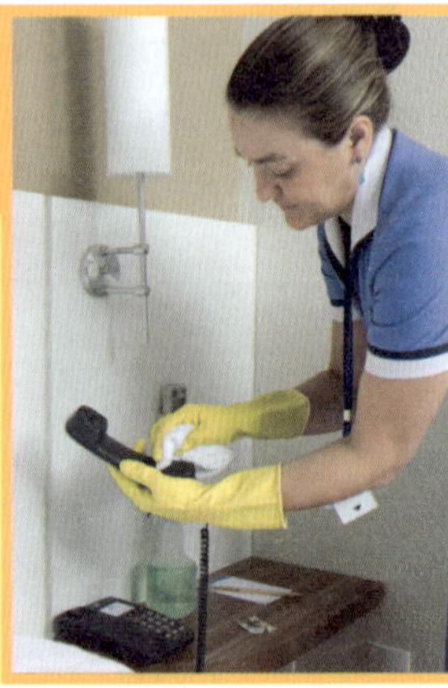

Limpe os telefones com pano úmido e produto específico multiuso sem cheiro. Nunca use álcool, pois faz desbotar o esmalte da pintura do aparelho. Desenrole e limpe também os fios do telefone.

6

Limpe os rodapés com pano úmido.

7

Limpe o piso do quarto de acordo com o revestimento e os produtos usados no hotel. No caso de carpete, use aspirador de pó. Aliás, os cantos de pisos frios ficam mais bem limpos usando aspirador.

8

Na sala, repita os procedimentos de 3 a 7, dando atenção aos cantos das paredes e rodapés.

9

Na cozinha, lave, seque e guarde as louças. Se houver frigobar e fogão, verifique se estão funcionando bem, limpe-os conforme as normas do hotel. Recoloque os alimentos e as bebidas no frigobar da maneira em que estavam antes. Limpe a pia, eletrodomésticos e móveis, quando houver.

10

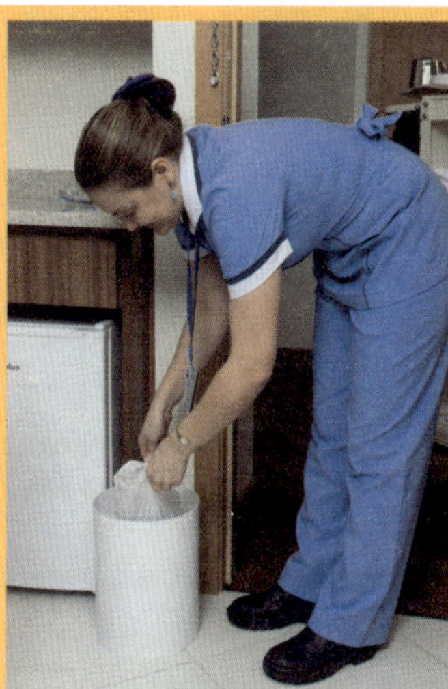

Retire, por fim, o lixo da cozinha, depositando-o no saco de lixo específico do carrinho. Depois limpe o piso com produto multiuso determinado pelo hotel.

Arrumar as camas

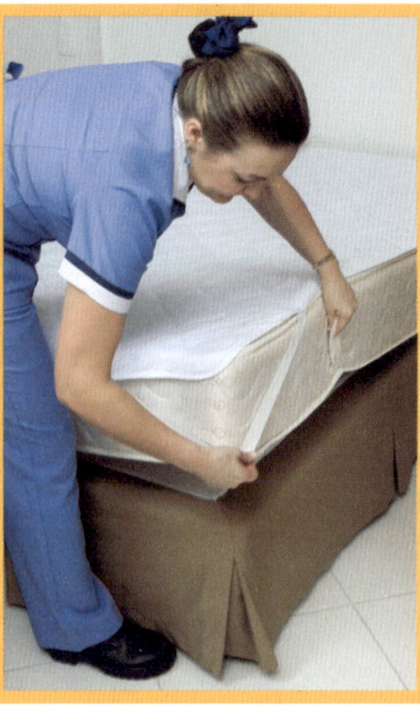

1

Comece afastando um pouco o colchão da cabeceira e posicione o protetor de colchão nos quatro cantos.

2

Acerte a saia da cama, se houver.

3

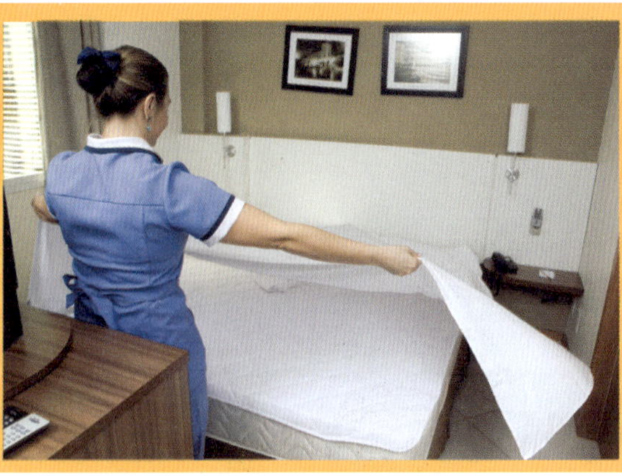

A partir dos pés da cama, estenda o primeiro lençol e o centralize no colchão. Aproveite e verifique o estado de conservação e limpeza da peça.

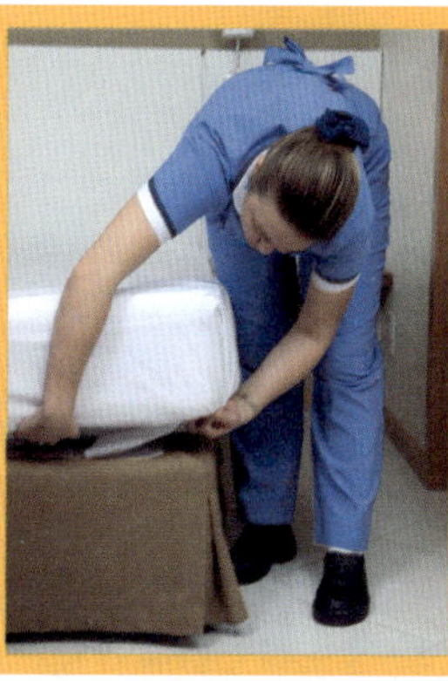

4

Dê a volta ao redor da cama envelopando os quatro lados e os cantos, deixando o lençol sem nenhuma ruga. Caso este lençol tenha elástico, será mais fácil.

Primeira opção

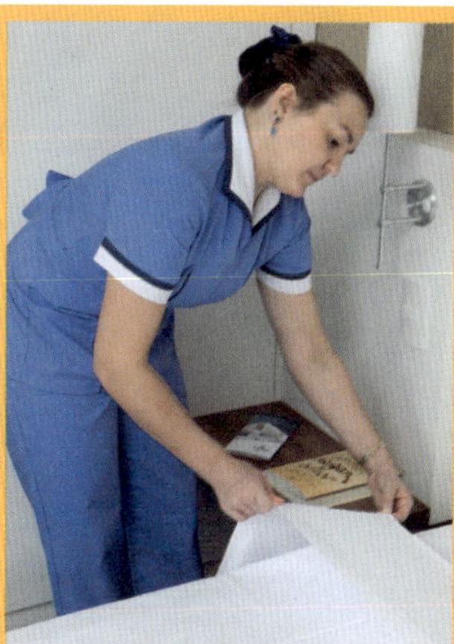

5

Estenda o segundo lençol (sobrelençol) pelo lado do avesso, de forma que caia bem centralizado na cama. O lado da cabeceira deve ficar num comprimento que permita uma dobra perfeita ("vira"). Faça a vira.

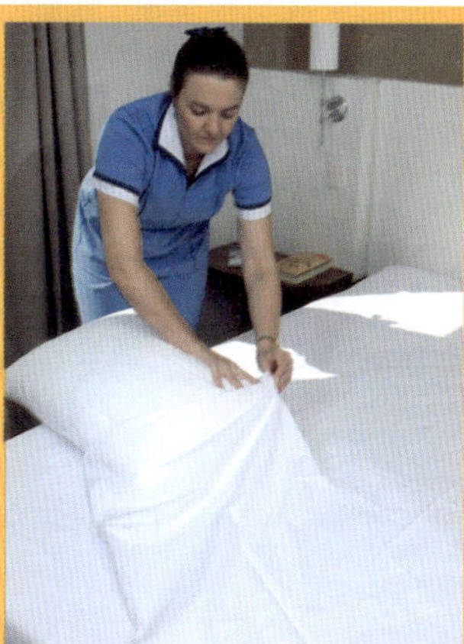

6

Vista os travesseiros com as fronhas limpas, evitando encostá-los no uniforme e os posicione na cabeceira da cama.

7

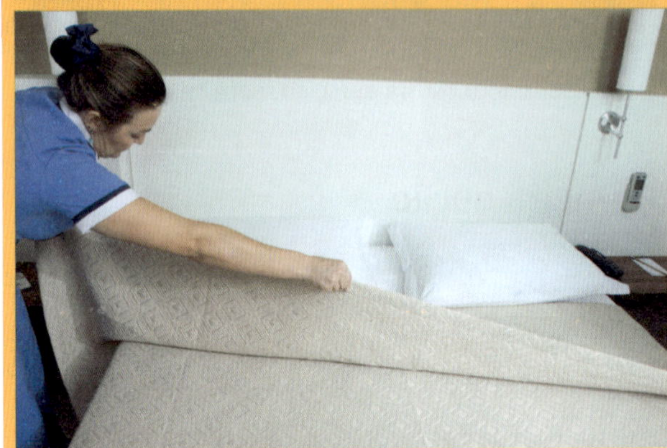

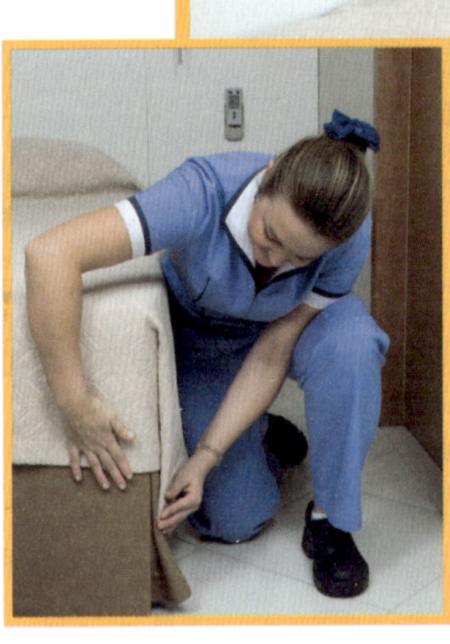

Estenda a colcha decorativa. Se o hotel dispuser de almofadas, arrume-as sobre a colcha.

Segunda opção, com colcha de piquê (cobre-leito)

5

Estenda o segundo lençol (sobre-lençol) pelo lado do avesso, de forma que caia bem centralizado na cama. O lado da cabeceira deve ficar num comprimento que permita uma vira.

6

Estenda a colcha de piquê (cobre-leito), coloque-a a partir do pé da cama e acerte o que sobrar na parte superior. Faça a vira do sobre-lençol junto com o cobre-leito.

7

Vista os travesseiros com o protetor de travesseiros (se houver) e depois coloque as fronhas limpas. Evite encostá-los no uniforme e os posicione na cabeceira da cama.

8

Coloque a colcha decorativa sobre a colcha de piquê. Se o hotel dispuser de almofadas, arrume-as sobre a colcha. Há hotéis que não colocam a colcha decorativa enquanto o hóspede permanece na UH, mantendo apenas a de piquê.

ATENÇÃO

- Ao fazer a cama, verifique se o enxoval está mesmo limpo e bem conservado. Se alguma peça estiver em mau estado, coloque-a de volta no carrinho. A governanta decidirá o rumo da peça.
- Em épocas frias e no caso de UH ocupada, mantenha o cobertor esticado na cama, sem a colcha decorativa. Se o aposento estiver desocupado, dobre e guarde o cobertor no armário.
- Em caso de UH vaga, sempre coloque a colcha decorativa. Quando a UH está ocupada, alguns hotéis mantêm apenas o cobre-leito e guardam a colcha dobrada no armário. Há hotéis que mantêm a colcha decorativa o tempo todo.
- Se a colcha decorativa for dupla face, deve ser virada semanalmente. Se estiver suja, troque-a por outra limpa. A periodicidade da lavagem depende do tecido, da cor e das normas do hotel.

PROGRAMA DE VIRAR COLCHÕES | Em geral, os hotéis viram os colchões a cada estação, ou a cada um, dois ou três meses, dependendo da frequência do uso. Em locais de praia, a umidade exige trocas menos espaçadas. A gerência estabelece com a governança os procedimentos do hotel.

A virada se faz da seguinte forma: uma vez virando o colchão de baixo para cima e outra girando o colchão da cabeceira para os pés, obedecendo às marcas definidas pela governanta de acordo com o Programa de Virar Colchões. Muitas vezes é necessária a ajuda de um auxiliar para esta tarefa, dado o peso do colchão.

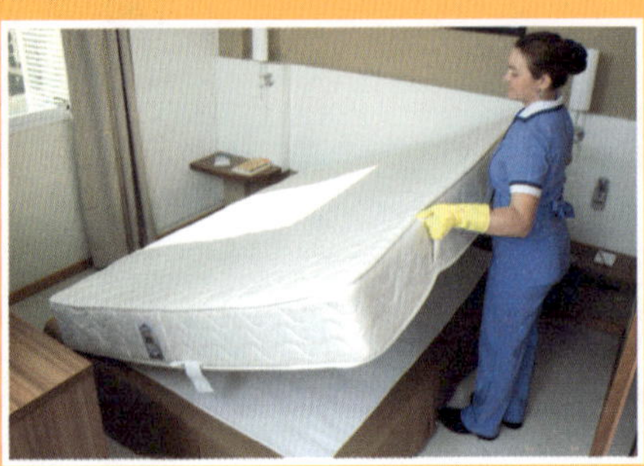

A vez do banheiro

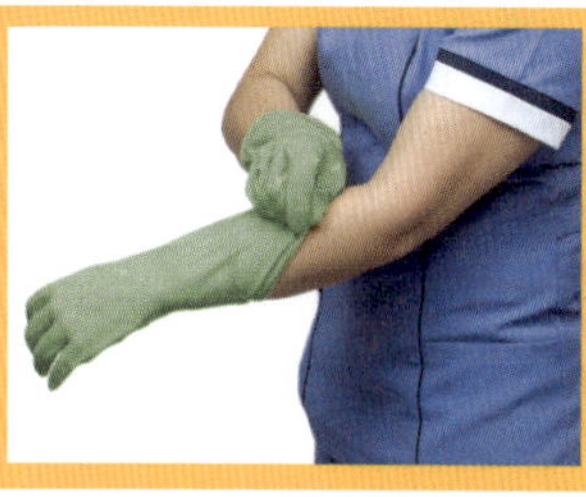

1

Calce as luvas, obrigatórias para esta limpeza.

2

A água para a limpeza do banheiro é a do chuveiro. Um balde facilita o trabalho de coletar a água. Aproveite e teste o chuveiro para certificar-se da boa saída de água e das temperaturas (quente e fria). Qualquer irregularidade deve ser comunicada à equipe de manutenção imediatamente, isso se o problema puder ser resolvido na hora. O formulário para a solicitação de consertos só deve ser usado quando é necessário interditar a UH. Situações simples não devem ser burocratizadas.

3

Comece a limpeza pelo boxe (onde fica o chuveiro) limpando os azulejos da parede com produto específico (cada hotel determina o padrão), sem esquecer da parte superior, onde se acumula pó com umidade. Geralmente se usa uma esponja dupla face (usando o lado mais adequado ao tipo de sujeira e revestimento) embebida em produto multiuso e, em seguida, um pano para secar e dar brilho aos azulejos. Limpe bem a saboneteira. Nem sempre é necessário fazer a limpeza pesada, depende das normas do hotel.

4

Lave o piso do boxe com produto de ação desengordurante e desinfetante diluído conforme indicação da embalagem ou do hotel. Esfregue-o com a vassoura e, em seguida, enxágue.

5

Se houver banheira, use o mesmo produto da limpeza do boxe, mas esfregue com o lado macio da esponja para evitar arranhões. Após o enxágue, seque com o pano específico (que evidentemente nunca será o mesmo destinado ao vaso sanitário).

6

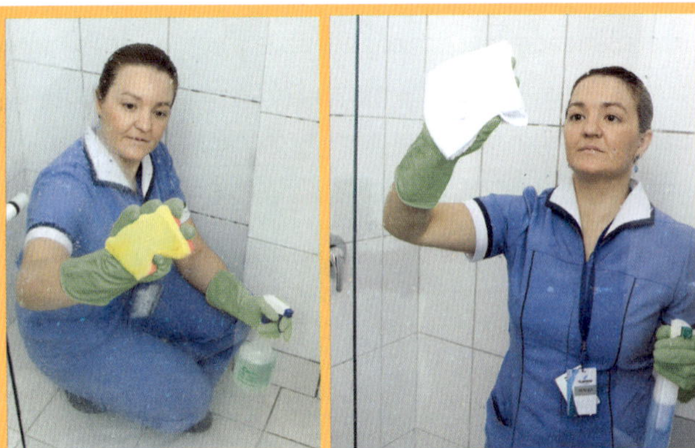

No vidro do boxe, dê brilho com pano que não solte fiapos.

7

Depois de limpar os cromados do boxe, dê brilho com uma flanela seca para retirar as manchas de água.

8

Inicie a limpeza do vaso sanitário lembrando-se de que deve ser usado material próprio para isso, o pano costuma ser de outra cor ou ter uma costura diferente. Se necessário, use o desentupidor para o vaso sanitário ou, em casos mais graves, chame a equipe de manutenção.

ATENÇÃO

A higienização dos produtos e utensílios de limpeza deve ser feita com todo o cuidado, para que nunca se misturem pano de chão, pano de vaso sanitário e pano de lustrar.

9

Limpe o vaso por dentro com escova específica e por fora com o pano. Limpe e desinfete o assento do vaso sanitário, a tampa e a dobradiça com o pano embebido em desinfetante. Faça o mesmo para a válvula e a tampa e dê uma descarga. Dependendo da norma do hotel, coloque desinfetante desodorizado para finalizar.

10

Limpe os espelhos de luz – interruptores e tomadas.

11

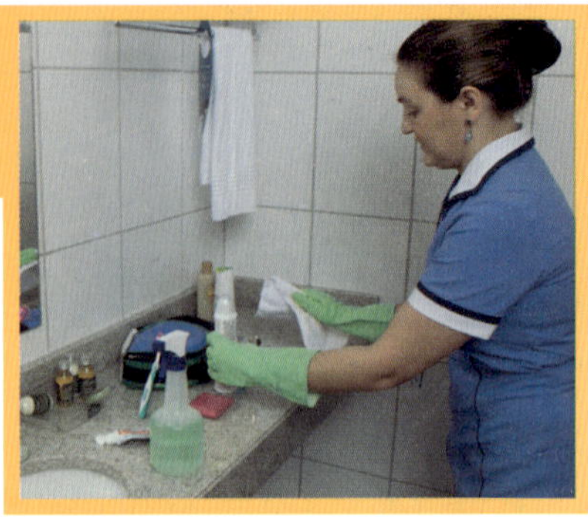

Coloque os pertences dos hóspedes num canto da bancada da pia para não molhar. Caso não tenha espaço, retire do local, limpe a pia e depois organize os objetos nas mesmas posições.

12

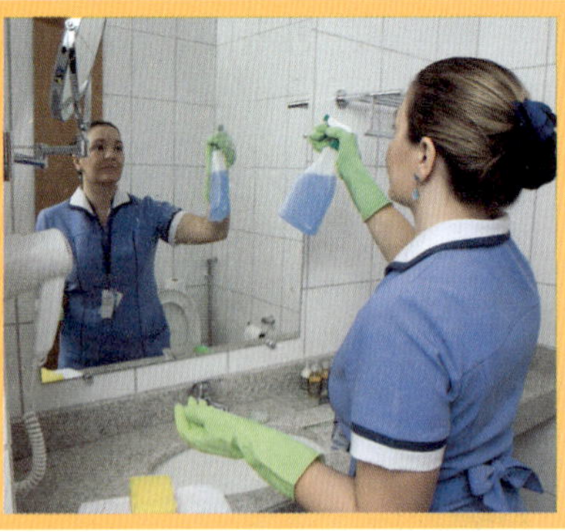

Limpe o espelho e a moldura e dê brilho com produto multiuso que tenha função para vidros e espelhos. As partes cromadas devem ser secas.

13

Esfregue a bancada, a pia e as torneiras com esponja dupla face com o lado macio. Algumas superfícies não devem ser higienizadas com produto multiuso. Não se limite a limpar somente o que está à vista, procure limpar por completo e no detalhe. Seque a pia.

14

Retire a lixeira do banheiro e aguarde a finalização da limpeza para esvaziá-la. A lixeira deve ser mantida no banheiro até esta etapa, pois pode ser necessário jogar fora algum resíduo.

15

Lave o piso com produto de ação desengordurante e use a vassoura para esfregá-lo, mantendo a água quente do chuveiro no balde. Dê atenção aos cantos do banheiro, onde geralmente se acumulam poeira e fios de cabelo. Finalmente, seque o piso.

16

Limpe a porta do banheiro, incluindo a moldura, as esquadrias e as dobradiças. Retire as manchas que encontrar com esponja dupla face, água e sabão neutro ou multiuso, finalizando com um pano seco.

17

Reponha as amenidades oferecidas pelo hotel (xampu, condicionador, sabonete, cremes etc.).
Em caso de UH com a classificação VAGO, coloque a fita ou o piso sobre o vaso sanitário indicando que foi higienizado.

ATENÇÃO

Nas UHs ocupadas, xampu, condicionador e creme só serão repostos se estiverem da metade para o fim do frasco. Os sabonetes em uso são sempre repostos. Papéis higiênicos, se os rolos estiverem da metade para o final.

18

Coloque as toalhas de banho e de rosto da maneira e nos locais determinados pelo hotel.

19

Certifique-se de que o porta-toalhas, o porta-papel higiênico e a tampa do vaso sanitário não estejam frouxos.

20

Coloque desinfetante nos ralos.

21

Feche a janela, deixando um palmo de abertura para ventilar e impedir a entrada de água, caso chova.

22

Deixe a porta aberta para a circulação de ar.

A última olhada

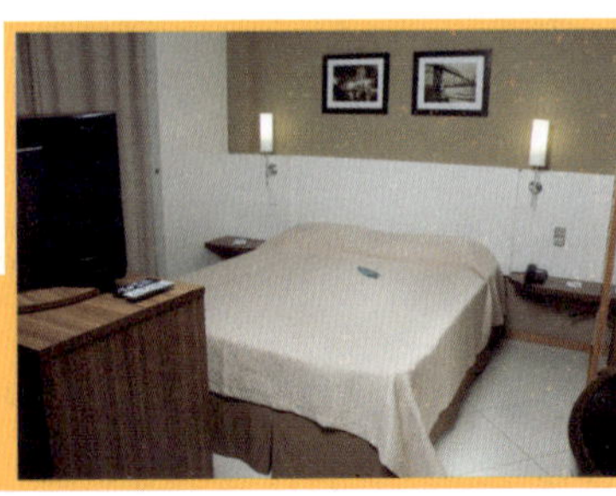

1

Antes de dar a limpeza e a arrumação da UH por encerrada, passe os olhos pela UH (varanda, quarto, sala, cozinha e banheiro). Certifique-se de que os quadros estão nivelados, os móveis em seus devidos lugares, os objetos decorativos alinhados, as amenidades e a folheteria repostas. Enfim, verifique os detalhes da arrumação, se está tudo em ordem.

2

Feche as janelas, deixando a medida da tranca somente para ventilar, evitando molhar o piso em caso de chuva. Feche o *black-out* e as cortinas, caso o aposento esteja desocupado. E feche apenas as cortinas finas, caso esteja ocupado. Mas isso depende muito da rotina estabelecida pelo hotel.

3

Veja se não esqueceu nenhum produto ou utensílio na UH.

4

Apague todas as luzes, se não houver cartão eletrônico na UH.

5

Feche a porta, assegurando-se de que esteja trancada.

6

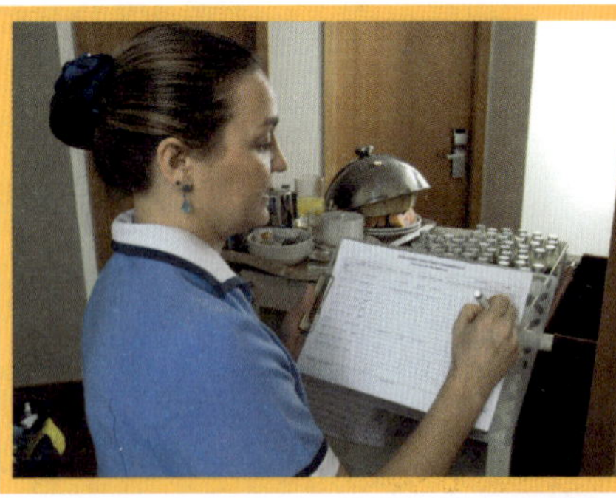

UH pronta! Conforme as normas do hotel, basta dar o OK no formulário ou avisar à recepção ou à governanta que o apartamento está pronto para ser ocupado.

ATENÇÃO

A fim de manter os serviços da governança sempre em alto nível, a supervisora de andar ou a própria governanta inspeciona as UHs periodicamente para verificar se tudo está impecável, conforme as normas do hotel. Um formulário com a lista dos itens a serem checados orientam esta inspeção (o *check-list*).

Check List de UHs

Lista de Inspeção de UHs Data: ..../..../.... Hora:.......... Andar: ....

Supervisora:.......................... Camareira: .... Governanta: ....

Tot.	Nº UH								
	Porta de entrada								
	Luzes apto e W.C								
05	Cabides								
01	Cardápio								
01	Folheto de sugestões								
01	Folder do hotel								
01	Folheto de incêndio								
01	Ficha Não perturbe								
01	Lista telefônica								
01	Pasta de correspondências								
01	Folha pedido de café								
	3º travesseiro								
01	Cinzeiro com fósforo								
	Televisão / telefone								
01	Saco de lavanderia								
	Colcha de casal /solteiro								
	Carpete limpo								
	Armários e gavetas								
	Ar condicionado								
	Cortinas								
	Geladeira completa e func								
02	Copos de mini-bar								
02	Sabonetes								
01	Cinzeiro banheiro								
02	Copos de banheiro								
01	Abridor de garrafa								
	Tampa de lavabo								
	Tampa de bidet								
	Cortina da banheira								
	Vaso sanitário/descarga								
	Ar do ambiente / pintura								
02	Toalhas de banho								
02	Toalhas de rosto								
01	Saco higiênico								
02	Papel higiênico								
01	Lenços de papel								
01	Piso de banheiro								
	Espelho limpo e pintura								

ABERTURA DE CAMA | Hotéis de luxo costumam fazer a "abertura de cama" (ou o "boa noite") para os hóspedes no final da tarde, o que significa retirar a colcha da cama e fazer a dobra no cobre-leito ou cobertor.

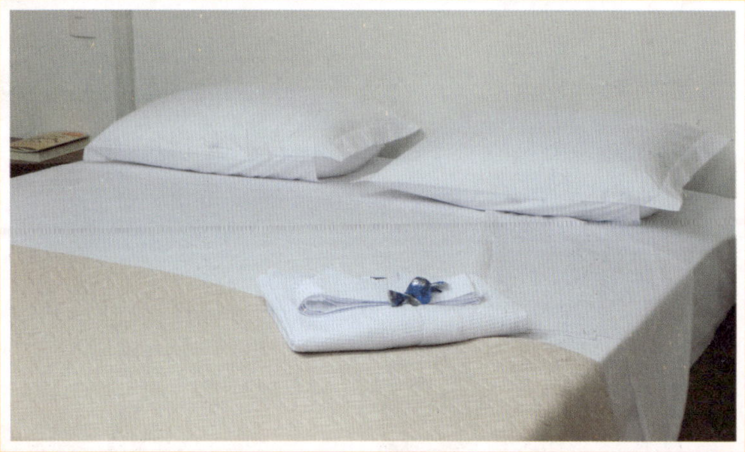

Muitos hotéis ainda oferecem algum agrado ao hóspede: chocolate, roupão, chinelos, frutas etc. Nesse retorno à UH, a camareira aproveita para uma revisão rápida no banheiro, substituindo toalhas quando necessário, secando pia e boxe, trocando lixo e colocando as coisas nos lugares. Se o hóspede estiver no quarto, convém perguntar se ainda precisa de alguma coisa e, então, desejar-lhe boa noite.

EXERCÍCIOS

1. A organização do carrinho deve ser feita de forma a facilitar o serviço. Dentre as opções abaixo, marque a arrumação correta:

( ) Enxoval na parte superior, roupa suja no saco, amenidades e folheteria nas prateleiras do meio, material de limpeza na lateral inferior.
( ) Enxoval nas prateleiras do meio, amenidades e folheteria na prateleira superior, material de limpeza na lateral, roupa suja no saco.
( ) Material de limpeza e roupa suja no saco, amenidades e enxoval nas prateleiras do meio, folheteria na parte superior.
( ) Enxoval nas prateleiras do meio, amenidades e folheteria na prateleira superior, material de limpeza na lateral.

2. Ordene as fotos conforme a sequência dos roteiros de limpeza e arrumação apresentados neste capítulo.

A Cuidados com a UH

( )

( )

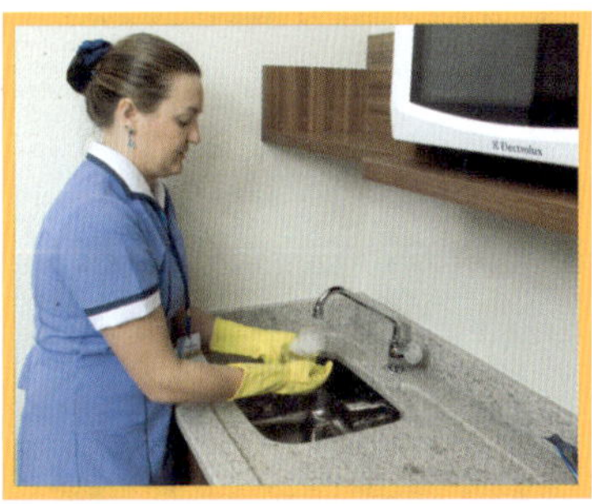
( )

( )

( )

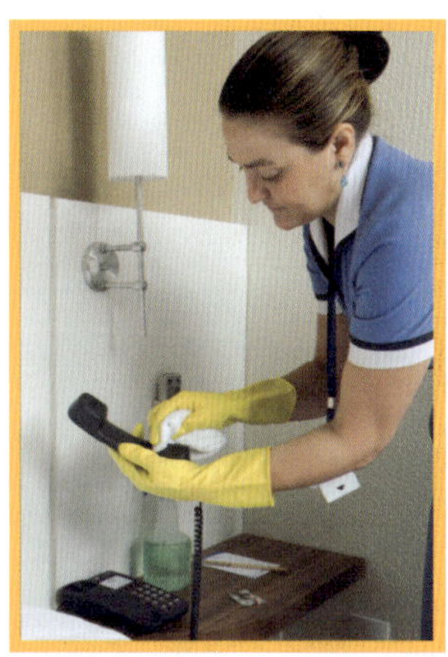
( )

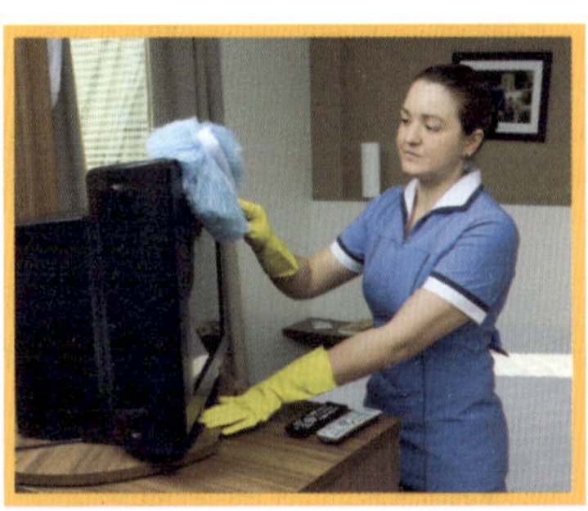
( )

B A vez do banheiro

(   )

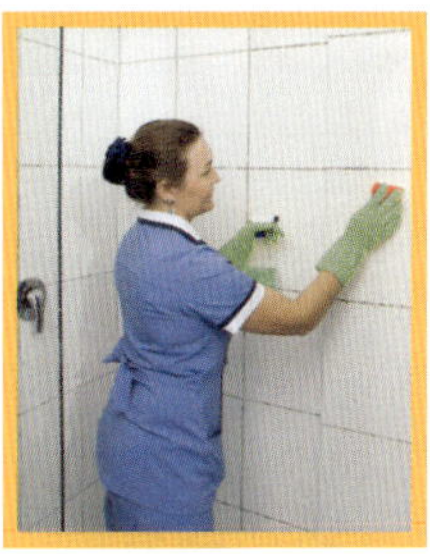
(   )

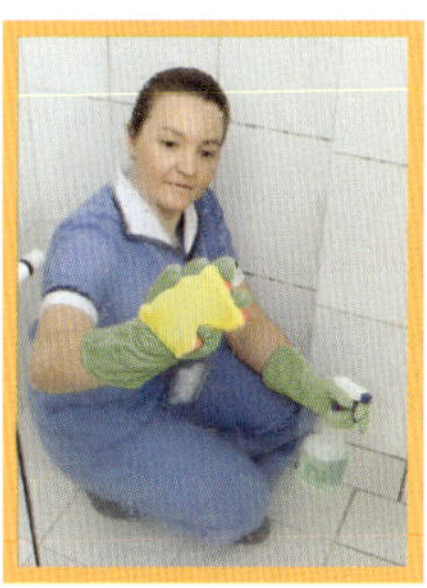
(   )

(   )

(   )

(   )

(   )

(   )

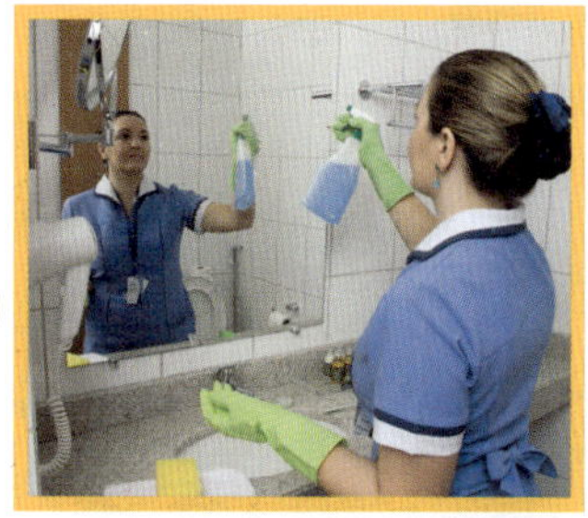
(   )

(   )

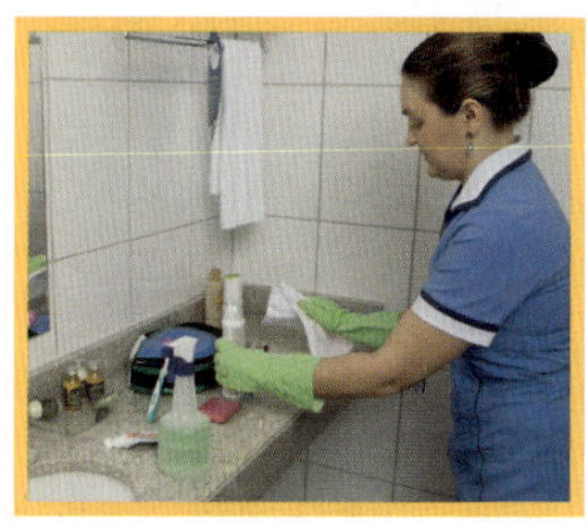
(   )

(   )

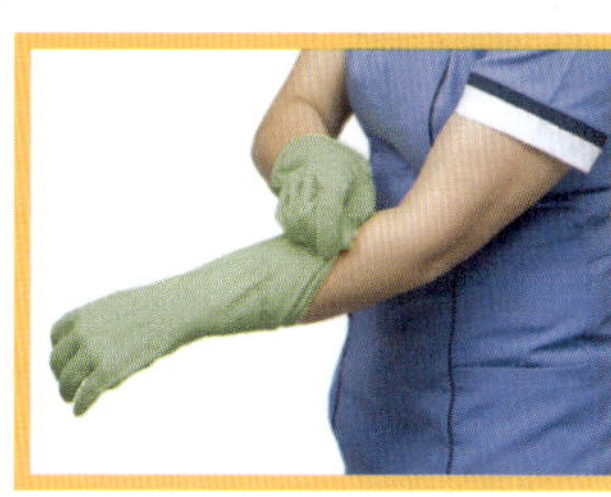
(   )

C Arrumar as camas

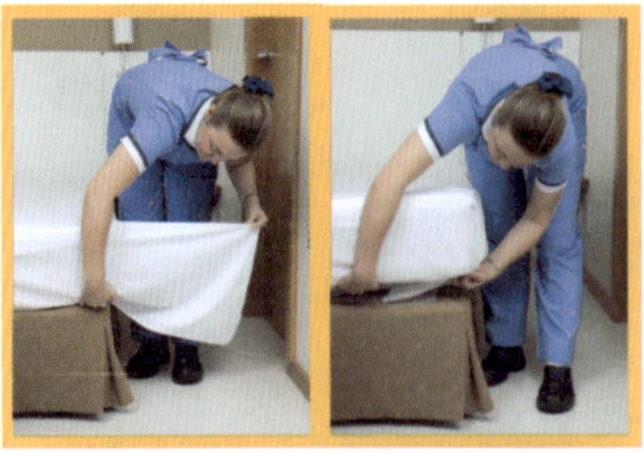

( )

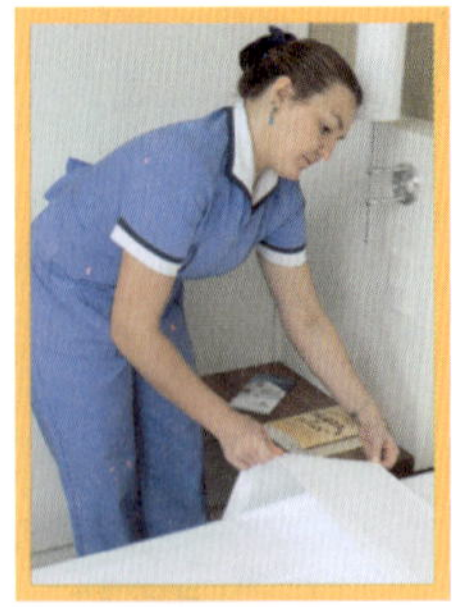

( )

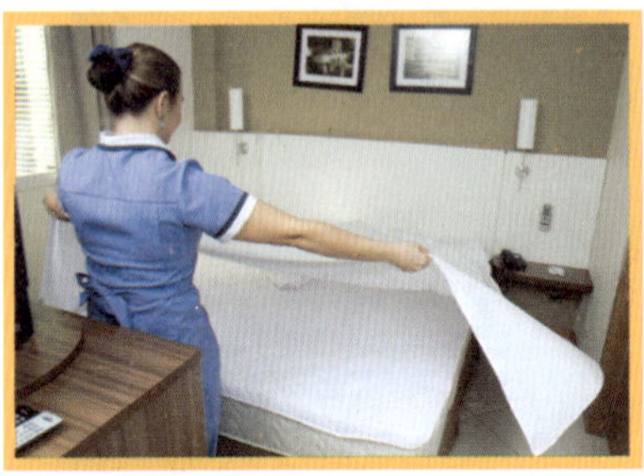

( )

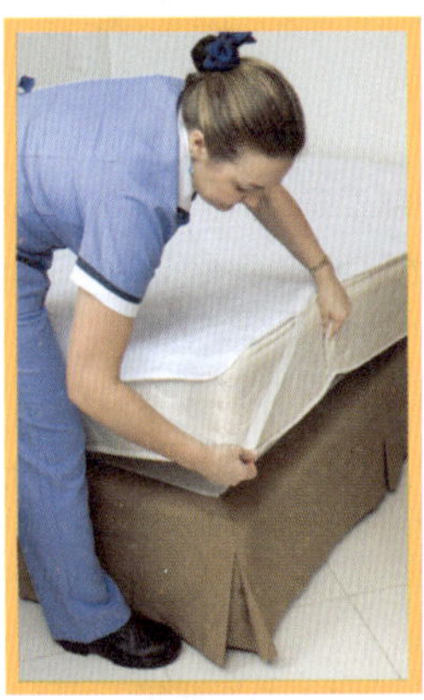

( )

( )

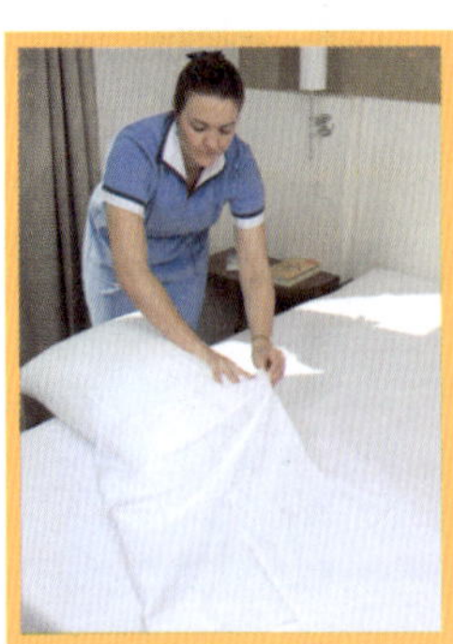

( )

( )

( )

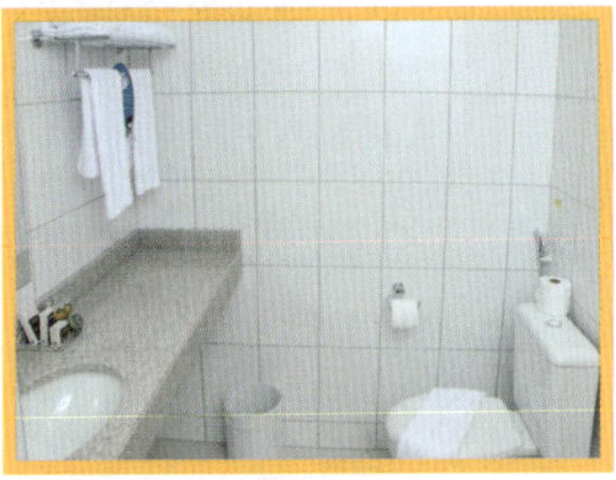

( )

( )

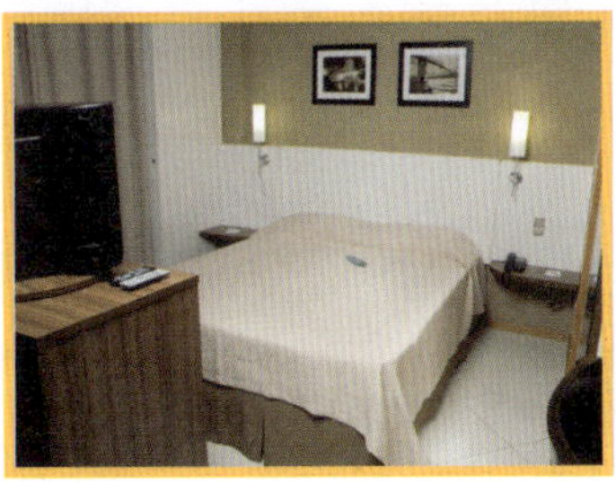

( )

D Última olhada

( )

( )

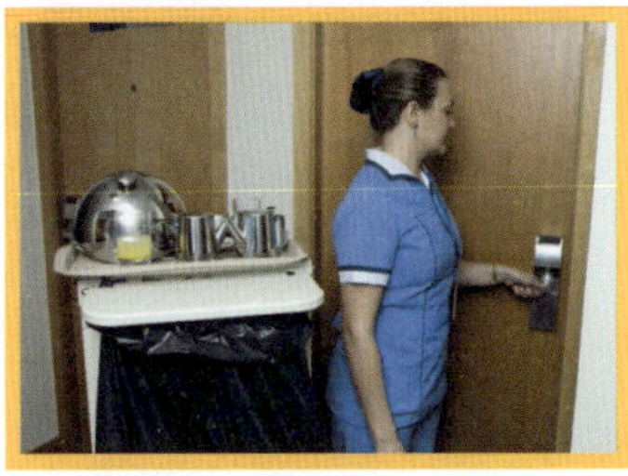

( )

( )

( )

Saindo da rotina

Desde o momento da chegada ao hotel até a saída, o hóspede deve ter todos os serviços à sua disposição. Independentemente do padrão do meio de hospedagem, a qualidade do acolhimento deve fazer o hóspede se sentir o mais importante dos mortais. E, para que isso aconteça, a equipe de funcionários deve dar toda a atenção à hospitalidade.

Durante a estadia, o hóspede precisa se sentir bem e ter a certeza de que a sua presença traz alegria a quem o serve. Um

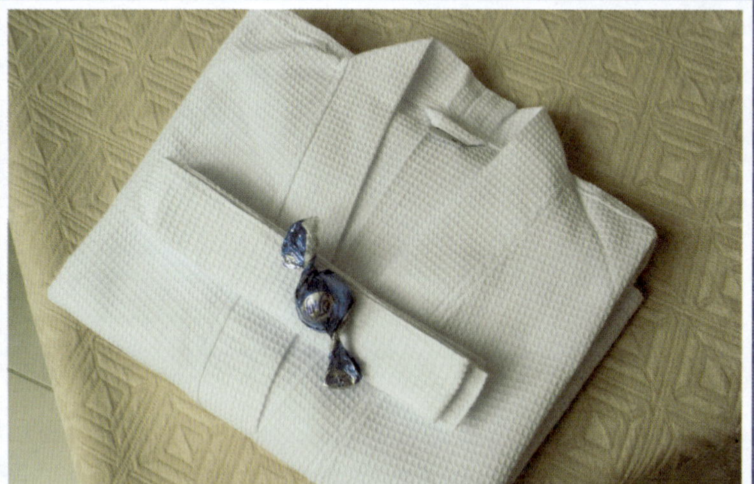

gesto agradável, uma palavra gentil, um bom-dia acompanhado de sorriso, a atitude de boas-vindas do recepcionista, do mensageiro ou da camareira sinalizam que a chegada do hóspede era esperada.

Claro que cada setor do hotel tem sua parcela de responsabilidade pelo bem-estar do hóspede durante o tempo em que este permanece no hotel. Como isso é possível para o setor de governança? Dedicando toda atenção às exigências e preferências do hóspede.

Mesmo com todos os cuidados e com toda a boa-vontade, fatos inesperados podem acontecer e, nessas horas, o melhor a fazer é manter a calma e tentar enfrentar a situação difícil da melhor maneira possível.

Neste capítulo vamos abordar algumas situações especiais que saem da rotina de trabalho das camareiras. Mas, com o tempo e a experiência profissional, será cada vez mais fácil resolver determinados problemas em relação aos hóspedes.

Aqui, daremos as recomendações gerais de como a camareira deve agir, mas é bom saber que os meios de hospedagem podem ter procedimentos diferentes. Certamente a camareira será informada sobre como o hotel age em cada caso.

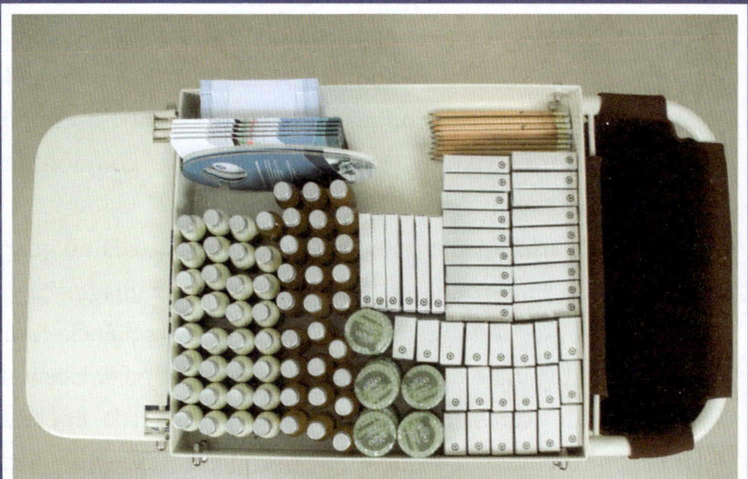

Amenidades

Em geral, os produtos que os hotéis disponibilizam nas UHs são chamados de amenidades (ou *amenities*, muito usado em inglês), mas podem ainda receber nomes diferentes, como produtos de cortesia e produtos de bem-estar. Fósforos, canetas, blocos de papel, cinzeiros são chamados de "produtos de base" – e são mais tradicionais. Já aqueles que imprimem certo diferencial no atendimento ao cliente são ditos "produtos de conforto", como secador de cabelo, bombons, champanhe, cesta de frutas. Entre os itens de base e de conforto estão os "produtos de cortesia" como xampu, creme, sabonete, touca de banho, kit costura etc.

A lista de amenidades que pode ser disponibilizada no quarto ou no banheiro é interminável. Cada hoteleiro usa a imaginação de acordo com o que pode gastar. As escolhas com frequência levam em conta a categoria e o porte do hotel, além do tipo de clientela. A localização do estabelecimento também é considerada: em locais de praia, por exemplo, o hóspede pode ser presenteado com loção de bronzeamento e creme pós-sol. Já em hotéis na serra, pantufas (chinelos), protetor labial ou luvas são opções simpáticas.

As amenidades agradam e também funcionam como publicidade extra, porque trazem impressos o nome do hotel ou da rede de hotéis, o endereço, o telefone da central de reservas e o *site*. Aliás, os hóspedes já esperam por esses produtos – há até quem colecione amenidades!

Vale lembrar, no entanto, que nem todos os produtos contidos na UH são de cortesia. Xampu, creme, sabonete e touca de banho, por exemplo, são itens que podem, sim, ser usados no hotel ou levados para a casa (se bem que alguns hotéis já cobram a reposição desses produtos). Mas outros, como secador de cabelo, toalhas, cinzeiros, roupões, são peças de propriedade do estabelecimento.

Para informar os hóspedes, em geral existe um comunicado na UH com o preço desses itens. Medida muito boa, porque eventualmente algum hóspede distraído ou mal-intencionado coloca um desses itens do patrimônio do hotel na bagagem e corre o risco de descobrir, só na saída, que o hotel cobra por ele.

Como vimos, cabe à camareira conferir o patrimônio das UHs e comunicar à governança qualquer irregularidade. Mas na hora da saída do hóspede (*check-out*), quando for fazer a vistoria, deve comunicar de imediato à recepção caso sinta falta de algum pertence do hotel.

Amenidades que podem ser cortesia ou não

QUARTO	
Produtos de base (tradicionais)	Produtos de conforto
Aviso de manutenção	Apoio de couro para escrever cartas
Aviso/comanda para café da manhã	Baralhos
Avisos "Favor arrumar este quarto" e "Não perturbe, por favor"	Cesta de flores
Bloco de anotação	Cesta de frutas
Cardápio de serviços	Chocolates
Cartões-postais	Cinzeiros de porcelana com logotipo
Cinzeiros	Estojo de costura
Cofre	Garrafas de vinho ou espumante
Etiquetas de bagagem	Isqueiros/fósforos especiais para charutos
Fósforos	Papel de carta

BANHEIRO	
Produtos de base (tradicionais)	Produtos de conforto
Água de colônia	Calçadeira
Amostras de produtos de beleza	Copos
Antisséptico bucal	Cordões para sapatos
Balança	Creme hidratante
Barbeador ou estojo com creme de barbear	Creme pós-sol
Condicionador	Esponja para lustrar sapatos
Desodorante	Estojo para sapatos (graxa, escova e flanela)
Escova e pasta de dentes	Estojo para unhas
Espelho orientável e de aumento	Fitas assépticas para louças sanitárias
Espuma para banho	Luva para banho
Gel para ducha	Luva para lustrar sapatos
Lenços para retirar maquiagem	Pantufas/chinelos
Perfume	Pente
Sabonetes de 15 a 50g	Roupão
Sais de banho	Saco plástico para higiene bucal
Toalha com loção de barba	Sacola para roupas usadas
Toalhas refrescantes	Sacola para sapatos
Touca de banho	Sacola sanitária
Xampu	Secador de cabelos

Saia-justa

Nem sempre o trabalho das camareiras segue a rotina à risca. Por vezes surgem situações um tanto constrangedoras, que exigem muito profissionalismo e, digamos, uma boa dose de jogo de cintura. Vejamos algumas dicas de como agir nestes casos.

HÓSPEDE NA UH DURANTE A LIMPEZA | Cada meio de hospedagem tem regras específicas sobre esta situação. Seja discreta, comunique o fato à sua chefia e receba as orientações. Nessas circunstâncias, algumas empresas hoteleiras fazem a arrumação com duas camareiras para agilizar o serviço e também para evitar constrangimento para alguma das partes em caso de assédio.

HÓSPEDE ALCOOLIZADO | Percebendo esta situação, retire-se e comunique o fato à governanta ou à chefe imediata, para que os demais setores estejam atentos ao comportamento do hóspede. Não é raro que no intervalo de tempo entre perceber a situação e tomar a decisão de sair da UH, a camareira receba algum tipo de proposta ou insinuação por parte do hóspede. Existem também ocasiões em que o hóspede se torna agressivo, provocando constrangimentos. Todos esses inconvenientes devem ser tratados de maneira discreta, negando qualquer convite do cliente. O chefe imediato sempre deverá ser avisado dos fatos para registrar a ocorrência e acompanhar a situação.

HÓSPEDE DOENTE | Peça o consentimento do hóspede para providenciar atendimento médico, mas não o faça você mesma. Comunique o fato à governanta, para que ela tome as devidas providências. Em caso de limpeza de vômito, saliva, fezes ou outras secreções, use os equipamentos de segurança: luvas e aventais e máscara descartável.

HÓSPEDE MAL-INTENCIONADO | A bagagem do hóspede é um indicativo importante das intenções do hóspede. Suspeite se os pertences forem desaparecendo aos poucos. Esta pode ser a pista de um hóspede mal-intencionado, que se prepara para deixar o hotel sem pagar a conta. Avise a governanta e a recepção.

ANIMAIS DE ESTIMAÇÃO NÃO AUTORIZADOS | A governanta informa se a presença do animal de estimação na UH está autorizada ou não. Em caso de permissão, você receberá instruções sobre a remoção do animal para poder começar seu trabalho de limpeza e arrumação com segurança. Caso encontre um animal na UH inesperadamente, avise a governanta ou a gerência, que tomará as providências de avisar ao hóspede para remover o animal.

UH DANIFICADA | Ao perceber que a estrutura do quarto foi danificada, não faça a arrumação. Comunique o fato imediatamente à governanta e à recepção. Cada estabelecimento tem suas próprias políticas de cobrança para ressarcimento dos danos materiais.

INUNDAÇÃO | Esta situação, quase sempre causada pelo transbordamento da pia ou da banheira, deve ser imediatamente comunicada ao setor de manutenção. Só depois de resolvido o problema, preencha o formulário de solicitação de conserto. Em caso de vazamento em tubulações, a UH será interditada para reparos.

LIVRO DE OCORRÊNCIAS | Os profissionais do setor de governança devem escrever no livro de ocorrências os problemas que tiveram durante o dia. É importante que todos saibam o que aconteceu de extraordinário no setor, como reclamações, sugestões ou incidentes com hóspedes. Esses bilhetes servem para toda a equipe saber o que está acontecendo nos diferentes turnos de trabalho. Para a governanta, o livro ajuda a avaliar se o serviço prestado ao cliente está bom ou precisa de alguns ajustes. Além disso, é possível discutir com os funcionários as soluções dadas para cada problema.

Objetos esquecidos

Não é raro que hóspedes esqueçam objetos pessoais na UH. Cabe à camareira comunicar o fato à governanta ou superior imediato. O setor de governança é responsável pela identificação e pela guarda dos pertences, mas é a recepção que faz o contato com o hóspede e acompanha o processo.

Os objetos esquecidos devem ser relacionados em um caderno, formulário específico ou em arquivo eletrônico, conforme as normas do hotel. Em seguida, eles devem ser identificados, embalados, numerados e armazenados; os objetos de mais valor devem ser depositados no cofre do hotel.

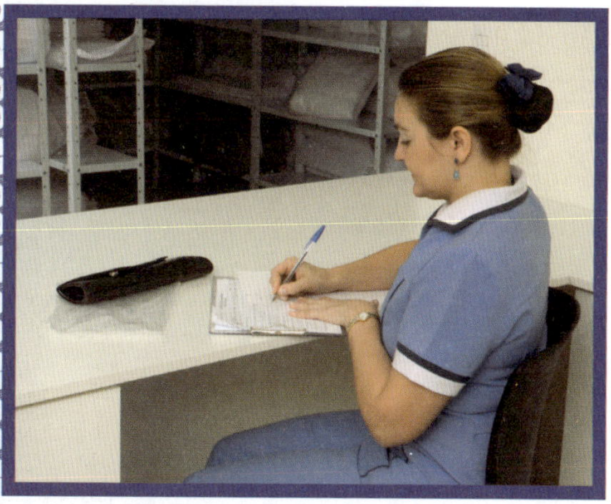

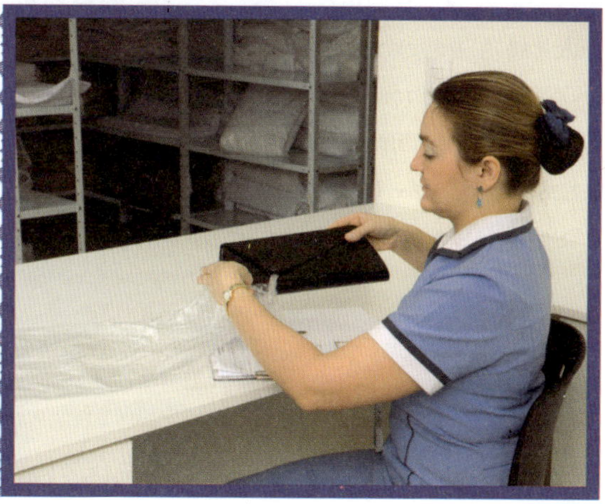

Troca de UH

A mudança de UH pode ser solicitada tanto pelo hóspede quanto pelo hotel. Os motivos do cliente podem ser de toda ordem: ele pode estar incomodado com o cheiro do ambiente (produto de limpeza, umidade, cigarro), ou talvez não goste da localização do quarto, ou queira um apartamento maior... Em geral, os hotéis pedem a troca ao hóspede quando precisam realizar algum tipo de manutenção repentina nas instalações ou quando há algum problema nas reservas.

Em todos os casos, a governança faz a troca. Há situações em que o hóspede autoriza as camareiras a realizar toda a mudança, o que deve ser feito sob a supervisão da governanta ou da coordenadora/supervisora de andares. Mas pode ser que o hóspede não queira que toquem em seus pertences. Neste caso, a camareira deve apenas estar por perto para auxiliar quando for solicitada.

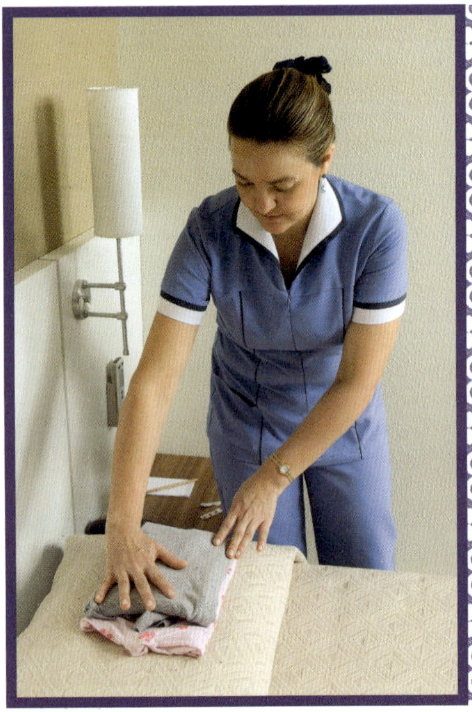

Em caso de troca por necessidade do hotel, a gerência pode autorizar a transferência do hóspede para uma UH superior ou solicitar à governança que dê um agrado ao hóspede para compensar o incômodo, como uma cesta de frutas, bombons, algum brinde do hotel.

Presentes

Por vezes, o hóspede fica tão satisfeito com os serviços prestados que resolve dar um presente para a camareira. Quando essa gentileza acontece, não importa se o presente foi entregue pessoalmente, deixado na recepção ou na própria UH, a camareira precisa comunicar o fato à chefia imediata.

Cada hotel tem suas normas nesse caso, mas em geral a saída do presente precisa ser liberada, especialmente em hotéis que adotam uma política de entrada e saída vistoriadas.

A governanta ou o chefe imediato tem autoridade para avaliar o presente e permitir ou não a sua saída, segundo as regras do hotel. Se o presente for liberado, o que acontece é a governanta deixá-lo na portaria de serviço acompanhado de uma autorização. Assim, a camareira retoma o presente ao sair do seu turno de trabalho.

Uma recompensa linda | *Quando tratamos bem um hóspede, ele se sente comovido e quase sempre agradece com cortesia. Um xeque árabe esteve em nosso hotel acompanhado de suas nove esposas. Cada uma ficou hospedada em uma UH, e ele na suíte presidencial. Foram três dias de permanência. No último dia, ele deu uma festa particular na suíte. Foram feitos vários pedidos estranhos e atendemos todos eles. Como agradecimento, ele mandou me entregar um sári [vestido indiano]. Nunca tinha visto aquele tipo de roupa. Mas era lindo! Agradeci. Depois tive que pedir autorização da governanta pra poder levar o presente pra casa. Agora estou na moda, tenho um legítimo sári indiano!* (Kátia Rosângela Garcia, supervisora de andares do Hotel Majestic, Florianópolis-SC)

Hóspedes *muito* especiais

O hóspede é a razão de ser do meio de hospedagem, por isso é sempre tratado como cliente especial. Entretanto, alguns hóspedes são *muito* especiais, porque se hospedam com frequência no hotel, porque ocupam posição social de destaque, ou porque são autoridades públicas, grandes empresários, artistas etc.

O hóspede considerado VIP (*very important person*; pessoa muito importante) costuma receber atendimento personalizado e agrados diferenciados do hotel. Em geral, funciona assim: a gerência recebe do setor de reservas as informações sobre o cliente. Depois, a governanta e a gerência discutem sobre os procedimentos especiais e as exigências do cliente VIP. Muitas vezes é o próprio cliente que liga para o hotel esclarecendo suas preferências. As instruções especiais de arrumação e tratamento são repassadas, então, para uma camareira mais experiente. É verdade que, quando o hóspede é frequente, a camareira passa a conhecer a rotina do VIP e a ser escalada para o serviço.

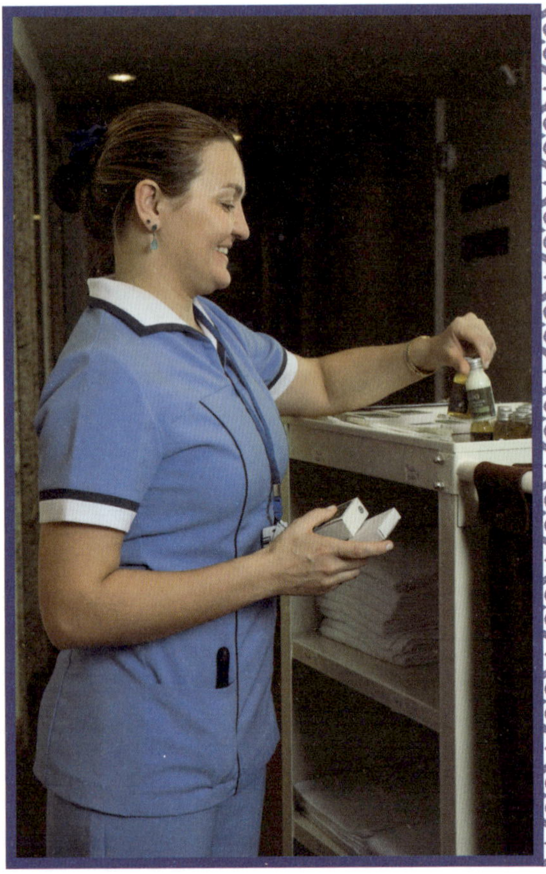

A camareira fica, portanto, responsável por todas as exigências relativas à UH e ao tratamento diferenciado. Já o setor de *room-service* executa as solicitações da governança, levando para a UH frutas, vinhos, espumantes e tudo que esteja relacionado com o segmento de alimentos e bebidas. Se algum produto definido pela gerência não fizer parte da despensa habitual do hotel, a governança deve solicitar sua compra ao almoxarifado. Nada pode falhar.

Por fim, se houve alguma alteração no leiaute ou na decoração da UH para agradar ao cliente VIP, após a sua saída, a equipe de manutenção e de governança deverão colocar tudo de volta no padrão do hotel.

Festa na UH | *Nosso hotel recebia muitas personalidades porque, na época, era o único cinco estrelas da cidade. Nunca tivemos muitos problemas, eram todos sempre muito simpáticos e os pedidos eram coisas comuns, nada extravagante. Só lembro uma vez a cantora (...), ela deu uma festinha depois do show e acabou causando estragos enormes na UH. Também, né, ela colocou umas vinte pessoas na suíte! Derramaram vinho pra todo lado. Tivemos até que trocar o carpete e a UH ficou interditada por alguns dias.* (Kátia Rosângela Garcia, supervisora de andares do Hotel Majestic, Florianópolis-SC)

Acidente ou morte no quarto

Nem sempre estamos prontos para lidar com o inesperado, mas precisamos saber como agir profissionalmente em situações delicadas. Portanto, se, ao entrar na UH, a camareira encontrar uma pessoa acidentada ou morta, deve esforçar-se para agir com calma e discrição.

Em caso de morte, o primeiro cuidado é não tocar no corpo da pessoa, tampouco nos objetos ao redor, evitando modificar a cena que encontrou. Em seguida, deve retirar-se, trancando novamente a UH, e procurar sua chefia imediata para comunicar a ocorrência. O procedimento imediato da governança ou chefia será chamar uma ambulância, para que um médico possa confirmar o óbito.

A morte do cliente não deve ser comentada dentro ou fora do hotel. Esse cuidado é necessário para manter a situação de normalidade diante dos demais hóspedes e também para que o nome do hotel não seja vinculado ao fato.

O hotel deve cuidar para que a movimentação das pessoas envolvidas no acontecimento (médico, familiares, polícia, IML) seja discreta e ocorra, preferencialmente, por entradas e saídas alternativas ou de serviço.

Em caso de acidente grave, os primeiros socorros devem ser prestados por profissional habilitado para isso. Caso contrário, é preciso agir rápido e procurar atendimento na emergência do hospital mais próximo.

Situações delicadas exigem profissionalismo

| *O pessoal da recepção percebeu que o hóspede tinha chegado um pouco alterado no hotel, mas não tão embriagado que merecesse cuidados. O hóspede parecia OK. Não demorou e ele pediu urgente a presença de uma camareira na sua UH, pois tinha se machucado no banheiro e as toalhas estavam todas sujas de sangue. Cheguei lá levando toalhas limpas, mas fui acompanhada de um funcionário da recepção, porque estava na cara que se tratava de um problema! Vimos que uma porta do blindex do banheiro estava estilhaçada e o pé do hóspede sangrava muito. Enrolamos bem aquele pé com uma toalha limpa e imediatamente avisei a governanta, que providenciou uma condução pra levar o homem na emergência do hospital mais próximo. Ao retornar ao hotel, com alguns pontos no pé, o hóspede foi transferido de UH e agradeceu muito à gente. Não foi nada muito grave, mas poderia ter sido. Temos que estar preparados pra agir rápido numa situação dessas.* (Kátia Rosangela Garcia, supervisora de andares do Hotel Majestic, Florianópolis-SC)

EXERCÍCIOS

Leia os depoimentos destas profissionais atuantes no setor de governança e veja o que elas consideram mais difícil e mais gratificante no trabalho. Depois, pense em você como camareira: o que você acha mais difícil e mais gratificante na profissão?

O mais difícil é a renúncia pessoal para me dedicar à profissão. O mais gratificante é o reconhecimento do meu trabalho pela minha equipe. (Antonieta Maria de Jesus do Nascimento, coordenadora operacional de governança e lavanderia do Sheraton Rio Hotel & Resort)

O mais difícil é lidar com pessoas e o mais gratificante é lidar com elas. (Rossana Spena, diretora de hospedagem do Hotel JW Marriott Rio de Janeiro)

É bom chegar ao final do dia e entregar, na hora exata, todos os apartamentos que ficaram sob minha responsabilidade. Eu penso: 'Dei conta disso tudo! Fui capaz!' O contrário não é nada bom. (Marilda Nunes dos Santos, camareira do Hotel Senac Ilha do Boi, Espírito Santo)

Difícil é a saudade que sinto da minha filha e gratificante é saber que o meu dia foi bastante produtivo. (Camilla Cremonez, assistente de governança do JW Marriott Hotel Rio de Janeiro)

Prazeroso é terminar um dia de trabalho tendo a satisfação do hóspede. Difícil é lidar com hóspedes estrangeiros sem ter domínio do idioma. (Maria de Souza da Silva, camareira do Hotel Senac Ilha do Boi, Espírito Santo)

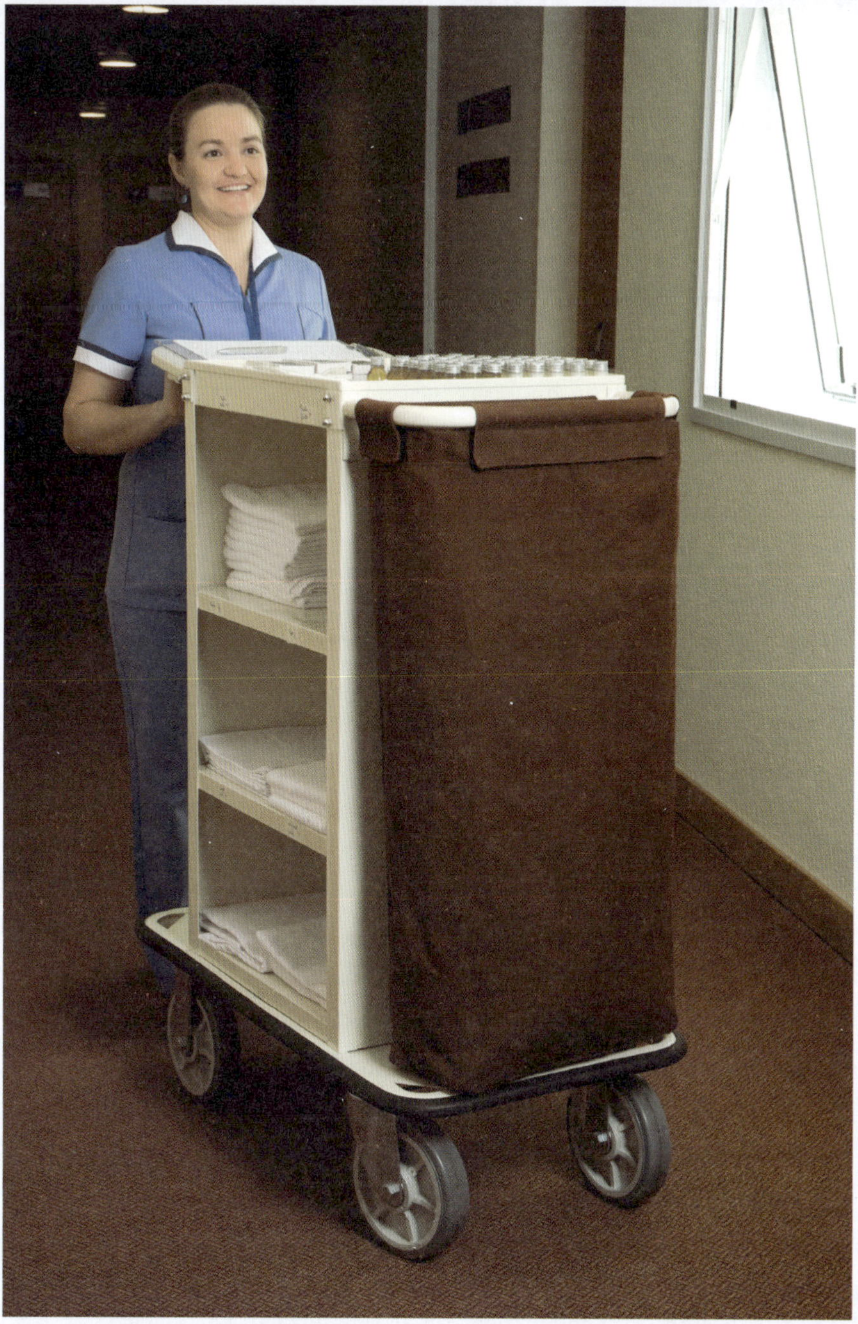

Referências

ANDRADE, José Vicente de. **Turismo** : fundamentos e dimensões. 4. ed. São Paulo : Ática, 1998.

ANDRADE, Nelson; BRITO, Paulo I.; JORGE, Wilson E. **Hotel** : planejamento e projeto. 3. ed. São Paulo : Editora Senac São Paulo, 2002.

BENI, Mário Carlos. **Análise estrutural do turismo**. 2. ed. São Paulo : Editora Senac São Paulo, 1998.

CASTELLI, Geraldo. **Administração hoteleira**. 3. ed. Caxias do Sul : Educs, 1992.

______. **Excelência em hotelaria** : uma abordagem prática. Rio de Janeiro : Qualitymark, 1994.

______. **Turismo** : atividade marcante do século XX. 2. ed. Caxias do Sul : Educs, 1990.

CHIAVENATO, Idalberto. **Gestão de pessoas** : o novo papel dos recursos humanos nas organizações. Rio de Janeiro : Campus, 1999.

DUARTE, Vladir Vieira. **Administração de sistemas hoteleiros** : conceitos básicos. São Paulo : Editora Senac São Paulo, 1996.

EDVINSSON, L. ; MALONE, M. S. **Capital intelectual** : descobrindo o valor real de sua empresa pela identificação de seus valores internos. São Paulo : Makron Books, 1998.

EMBRATUR. **Regulamento e matriz de classificação dos meios de hospedagem de turismo**. São Paulo : Suprimentos & Serviços, 1998.

FEIJÓ, Atenéia. Turismo : o maior negócio da globalização. **Diga Lá**, Rio de Janeiro, v. 3, n. 3, jul./ago. 1998.

FLORES, Paulo Silas Ozores. **Treinamento em qualidade**: fator de sucesso para desenvolvimento de hotelaria e turismo. São Paulo : Roca, 2002.

GORINI, Ana Paula Fontenelle; MENDES, Eduardo da Fonseca. Setor de turismo no Brasil : segmento de hotelaria. **BNDES Setorial**, Rio de Janeiro, n. 22, p. 111-150, set. 2005 [capturado em 05 fev. 2007]. Disponível: http://www.bndes.gov.br/conhecimento/bnset/set2205.pdf.

GUERRIER, Yvonne. **Comportamento organizacional em hotéis e restaurantes**. São Paulo : Futura, 2000.

IGNARRA, Luiz Renato. **Fundamentos do turismo**. São Paulo : Pioneira, 1999.

INSTITUTO DE HOSPITALIDADE. Programa de Certificação em Turismo Sustentável. **Guia de interpretação da norma NIH-54** : 2004 : meios de hospedagem : requisitos para a sustentabilidade. Salvador, 2004. (Gestão do Turismo Sustentável. Meios de Hospedagem).

IPEA. **Sistema de informações sobre o mercado de trabalho no setor de turismo no Brasil**. Rio de Janeiro, dez. 2007.

OLIVEIRA, Antônio Pereira. **Turismo e desenvolvimento** : planejamento e organização. 3. ed. São Paulo : Atlas, 2001.

ORGANIZAÇÃO MUNDIAL DO TURISMO. **Introdução ao turismo**. São Paulo : Roca, 2001.

PETROCCI, Mário. **Hotelaria planejamento e gestão**. São Paulo : Futura, 2001.

RICCI, Renato. **Hotel** : gestão competitiva no século XXI : ferramentas práticas de gerenciamento aplicadas a hotelaria. Rio de Janeiro : Qualitymark, 2002.

SENAC. DN. **Introdução ao turismo e hotelaria** / Luiz Cláudio de A. Menescal Campos; Maria Helena Barreto Gonçalves. Rio de Janeiro : Senac Nacional, 1998.

_____. **Pioneiros da hotelaria** : Rio de Janeiro / Elysio de Oliveira Belchior; Ramon Poyares. Rio de Janeiro, 1987.

TRIGO, Luiz Gonzaga Godoi .**Turismo básico**. São Paulo : Ed. SENAC São Paulo, 1998.

VIERA, Elenara Viera de. **Camareira de hotel**. Canoas : Ed. da Ulbra, 1998.

Site consultado:
http://www.sllt.sp.gov/noticias/20090316_wtc.php

MISTO
Papel | Apoiando o manejo florestal responsável
FSC® C172712
FSC
www.fsc.org